Luigi Boggio

Qualche parola
(2015-2022)

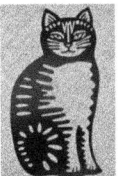

**ZeroBook
2022**

Titolo originario: *Qualche parola : 2015-2022* / di Luigi Boggio

Questo libro è stato edito da **ZeroBook**: www.zerobook.it.

Prima edizione: Agosto 2022 :.

ISBN 978-88-6711-216-6

Immagine di copertina: **Ignazio Vanadia**. Ha collaborato in fase di editing: **Chiara Marino**. Ringraziamo entrambi di cuore.

Tutti i diritti riservati in tutti i Paesi. Questo libro è pubblicato senza scopi di lucro ed esce sotto Creative Commons Licenses. Si fa divieto di riproduzione per fini commerciali. Il testo può essere citato o sviluppato purché sia mantenuto il tipo di licenza, e sia avvertito l'editore o l'autore.

Controllo qualità **ZeroBook**: se trovi un errore, segnalacelo!

Email: zerobook@girodivite.it

Indice generale

L'eterno ragazzo dalle magliette a strisce / di Fabio Gaudioso..11
Qualche parola..15
    Omaggio a Manlio Sgalambro..............................15
    Crocetta e le zone interne......................................17
    La corsa continua..20
    È possibile..23
    Qualche parola..25
    In ricordo del "Sindaco contadino".......................27
    Una storia che nessuno potrà cancellare.............30
    Biviere di Lentini: valorizzazione e fruibilità........39
    Di cava in cava, di monnezza in monnezza........42
    La storia infinita del Piano Regolatore di Lentini....45
    Come iniziò la lotta per il nuovo Ospedale di Lentini....48
    Il Belice cinquant'anni dopo..................................50
    Quando i soldi puzzano di petrolio......................54
    Ricordando Girolamo Li Causi..............................55
    Questi immigrati lentinesi a Carlentini.................58
    Primo Maggio, tanti gioiosi alcuni tristi...............60
    Una rete ospedaliera "ospedalecentrica"............63
    L'imperatore oscurato..66
    Gli anni delle intimidazioni a Lentini....................68

Zone interne..70
Nord-Sud: la strada dei desideri..............................73
Seby Mangiameli a Carlentini..................................75
La libertà grida, canta, danza e sorride nelle canzoni del cantautore Seby Mangiameli..77
I 25 anni della Compagnia d'Encelado Superbo.........80
"Il tempo è andato la canzone è finita..."................83
Quando c'erano i pionieri..85
Se le piazze si muovono e la sinistra resta nel guado.......87
Sardine e Parrucconi..90
Un mondo da scoprire...92
Mercato del voto..95
Albert Camus...97
In ricordo di Guido Rossa nel Giorno della Memoria......99
Il Mezzogiorno prima di ogni cosa..........................101
Calava la notte...103
Il virus e le nostre fragilità......................................105
Il valore del nostro sistema sanitario......................107
Il virus nel paese dei velinari...................................111
Io e la postina (senza parlare dell'ascensore)..........113
Stare nel tempo disumano del virus........................115
Pensieri della sera. Cosa servirà dopo.....................117
Il mondo capovolto che ci attende..........................119
Ma quelli che soffrono veramente sono i poveri.....121
Un colpo al cerchio e una alla botte........................123
Una storia ai tempi della spagnola..........................126
Biviere: una vicenda che ritorna..............................130

Cene tra amici..133
Salvini insegue la Meloni, la Meloni insegue Salvini......135
Rifiuti anno zero..138
Paghi e salti...140
Salvatore Novembre aveva 20 anni.........................142
La generazione delle magliette a strisce..................145
Due romanzi e un saggio: Pezzali, Auci, Reichlin.........149
La Fiat, Berlinguer e le menzogne.........................152
Una visita guidata in contrada Scalpello (Lentini)........154
Volti rubati alla tv...157
Lo spettro che si aggira tra di noi..........................159
Cronaca di un viaggio..161
Diciamo le cose come stanno..............................164
Dentro la catastrofe..166
In attesa dell'annuncio......................................168
Il mio incontro con il partito che non c'è più.............170
Scusate il mio limite...174
Pensieri sui marciapiedi....................................177
L'astro e la sua ombra......................................180
Non si affronta il problema dei rifiuti senza un Piano...182
A Lentini sparisce la foto di Falcone e Borsellino........184
Chiarezza sulla monnezza.................................186
Termovalorizzatori sì, termovalorizzatori no.............188
Con la monnezza alla gola.................................191
Arridatemi Razza...194
Cateno De Luca e l'orologio della cattedrale di Messina.197
Pensieri della sera, 14 giugno 2021......................200

Le false indignazioni..202
Ci sono i cavalli ma non la Sicilia..............................203
Cesare Terranova e Lenin Mancuso........................206
La politica come dialogo e ascolto............................208
Gli anni Ottanta non finiranno mai?........................210
Reddito di cittadinanza...212
Quei morti, quelle sofferenze....................................213
Relazioni, tra sanità e clientelismo..........................214
Dentro e fuori il Palazzo...216
C'è chi parte e non torna..218
Diciamo le cose come stanno senza girarci attorno......220
A proposito di responsabilità....................................222
Auguri, Luigi..224
Prima che sia troppo tardi..226
Tra evasione fiscale e lavoro nero............................228
Stupri di guerra e stupri quotidiani..........................230
Pio La Torre e Rosario Di Salvo, il sangue della Sicilia...232

Nota di edizione..**236**

Questo libro..236
L'autore..237
Le edizioni ZeroBook...238

L'eterno ragazzo *dalle magliette a strisce* / di Fabio Gaudioso

Questo è Luigi Boggio, anche se oggi non deve più compiere la veneranda età degli 80 anni; è, infatti, rimasto quel giovane che nella drammatica estate italiana del 1960 fece la sua "scelta di vita".

La connotazione d'abito credo serva perfettamente a circoscriverne bene due fondamentali caratteristiche.

Da una parte la formazione generazionale, legata agli importantissimi anni della nostra "ricostruzione", i duri e lunghi anni '50, che sfociarono – appunto - nelle tragiche contraddizioni della bieca violenza repressiva del Luglio '60, in Sicilia e in tutta Italia.

Da tutto questo, e altro ancora che maturava "sottopelle" nella società nazionale esplose quello straordinario movimento giovanile, di cui lo studente Luigi - in quel di Messina, dalla natia Nicosia - fu parte attiva, vestendo le celeberrime "magliette a strisce", emblema colorito e gioioso - bandiera vivente e vissuta - di una nuova Italia, laica e moderna, non ideologica ma piena di ideali, ormai lontana dal '45 e non ancora vicinissima al '68, che voleva – definitivamente - chiudere i conti con l'oscurantismo reazionario di polizia scelbiana, Dc anticomunista e Chiesa pacelliana.

Dall'altra parte, anche per chi l'abbia conosciuto solo negli ultimi anni, o ultimissimi decenni, l'On. Boggio non è mai stato un "parruccone" (questo proprio no) da giacca e cravatta - dico Onorevole eh - ma l'amico con abiti informali che anche nella sua "terza stagione" di vita non ha, mai, tolto di dosso le magliette colorate e a strisce.

Ecco chi è l'Autore delle Note che seguono, delle pagine che vi accingete a leggere.

L'ho conosciuto nel 1983 - prima era solo il nome di un dirigente regionale del mio Partito - grazie alla proverbiale "eterogenesi dei fini"; non rieletto, un po' a sorpresa, in Parlamento (altro che grillino, al buon Luigi è stato destinato solo un mandato), arriva a Catania, nella Segreteria della Camera del Lavoro.

Ma è solo nel 1987, con la sua Segreteria del PCI catanese, che nasce la nostra frequentazione e amicizia: fatta di libri, film, concerti, "cene tra amici" e - certo - anche di riunioni politiche, Congressi, campagne elettorali, etc.

Nonostante l'ingloriosa e, forse, inevitabile fine - a cui ci opponemmo, comunque, con tutte le nostre insufficienti forze - di quell'amatissimo Partito, ormai più di 30 anni fa, quell'amicizia non si è mai interrotta.

Prima di chiudere questa presentazione, ancora poche parole per cercare di capire meglio chi è il Nostro Autore.

E lo farò con l'aiuto di due aforismi di Franz Kafka: "chi cerca non trova, chi non cerca viene trovato".

Luigi, fuor di metafora, non ha "cercato" di candidarsi, non ancora 27enne, nelle Liste per la Camera del Pci, ma è stato "trovato" da quel grande Partito per le battaglie che aveva cominciato a condurre, addirittura tra i giovani di leva.

Luigi non ha "cercato" l'amicizia del grande filosofo veneziano (Massimo Cacciari) o dell'illustre giurista catanese (Pietro Barcellona), ma è stato da loro "trovato" - in quel "gruppone" di oltre 200 deputati comunisti, per il suo inconfondibile spirito creativo e libero, nel lontano 1979, a Roma; Luigi non ha "cercato" di diventare Segretario del PCI a Catania, ma è stato "trovato" - per la sua affidabilità e autorevolezza - da quel Partito e, poi, tanto stimato e, anche, combattuto.

Certo, nella vita si vieni "trovati" solo se uno "c'è" e Luigi, come la famosa Acqua di un manifesto che volle assolutamente far stampare a caratteri cubitali per la Federazione provinciale del Pci etneo, c'era sempre e, ancora, "c'è" (non voglio mica essere blasfemo eh...).

Per chiudere, davvero, con il secondo aforisma kafkiano: "nuotare controcorrente per il piacere di essere sorretti."

Ecco cosa è stato "il secolo breve" di Luigi Boggio, "nuotare sorretti": in direzione di un Paese - dall'adottiva Lentini all'intera Sicilia, dall'Italia al mondo intero - di un approdo, migliore.

Nuotando, e non solo ad Agnone o Brucoli, sì controcorrente, ma sempre sorretto - con piacere - dalla stima e dall'affetto di tanti amici e compagni.

Sapendo che - nella costante e perenne prospettiva del lavoro e della libertà - verrà, sempre, trovato: anche dai "venticinque" lettori di questo libro.

Buona lettura a tutti voi e, ancora, buona scrittura a Luigi!

E, soprattutto, grazie.

Fabio Gaudioso

Qualche parola

Omaggio a Manlio Sgalambro

A Lentini l'omaggio, a Catania il ricordo di Manlio Sgalambro, sempre con Massimo Cacciari. Anche il ricordo si sarebbe dovuto tenere nella città di Gorgia, ma non è stato possibile per cause che tralascio di commentare.

Nella sua città natale, senza nulla togliere al luogo della sua lunga permanenza, il ricordo avrebbe assunto un altro significato, per il legame e la continuità di una storia iniziata con la presentazione e il lancio dal suo primo libro, *La morte del sole* – un libro che suscitò molto interesse perché fuori da ogni schema di pensiero o "chiesa". Lo stesso interesse, ma questa volta con qualche polemica, che accompagnò Sgalambro quando iniziò la collaborazione con il cantautore Franco Battiato. Filosofia e poesia nella musica, che ritroviamo nella tradizione filosofica, artistica e musicale della città. Da ragazzo giocava con le ossa dei greci, da grande con le note musicali.

Nell'estate del 1982 il libro *La morte del sole* viene presentato a Lentini. Fu una serata indimenticabile per partecipazione: le parole di Sebastiano Addamo e di Pietro Barcellona, le domande del pubblico, lo stupore e il silenzio dell'autore, le conclusioni appassionate, comprensibili ed efficaci di Massimo Cacciari.

All'epoca il mensile diretto da Guglielmo Tocco "Ripresa economica" dedicò all'evento un'intera pagina dal titolo "Il significato di un omaggio" con gli articoli di Fino Giuliano dell'Associazione Il Trivio, di Sebastiano Addamo e di Massimo Cacciari.

All'incontro che si svolgerà a Catania il 20 aprile, ore 17, a Palazzo Platamone, Lentini sarà ben rappresentata dalle testimonianze del musicista Riccardo Insolia e dello scrittore Alfio Siracusano. Nel solco di una storia tante volte ignorata per incapacità e ignavia.

sabato 11 aprile 2015

Crocetta e le zone interne

Non c'è atto amministrativo, legislativo o politico del governo Crocetta che non trascini l'isola verso l'ignoto per incompetenza, pressappochismo, in alcuni casi per scarsa conoscenza dei luoghi e in altri per isteria politica di schieramento. Gli ultimi dati sulle condizioni economiche dell'isola, riguardanti l'aumento della disoccupazione giovanile e della povertà, avrebbero dovuto portare il governatore a una ritirata diplomatica – magari per motivi di salute e non necessariamente per manifesta incapacità.
Un abbandono che l'avrebbe salvaguardato da qualche altro malanno, data la bocciatura anche del piano sanitario regionale. Un altro piano bocciato. Per Crocetta non c'è pace, come non c'è pace per i legislatori che siedono a Sala d'Ercole. Quando la "lungimiranza" del governatore s'incrocia con la "sapiente" regia dei legislatori, si origina una miscela così esplosiva da metter sottosopra l'isola. Anche gli esperti del governo Renzi e dei vari ministeri ne sanno qualcosa, quando si trovano a esaminare leggi, piani e proposte per i fondi europei.
La rivoluzione crocettiana, invece di avanzare, si è bloccata, lasciando di stucco qualsiasi persona di buon senso e disponibile nei confronti della propria terra. Come racconterò di seguito, questa volta a essere lasciate di stucco,

immobili e attonite sono stati gli abitanti delle province di Caltanissetta e di Enna. Qualche sindaco alla notizia si è mosso, ma manca ancora una risposta corale per tentare di fare cambiare idea al governatore. Non sarà facile, ma non si può subire in silenzio il mancato inserimento delle due province nella strategia delle zone interne nella programmazione 2014-2020 – con la sola eccezione del comune di Centuripe, che fa parte dell'area Simeto Etna, insieme ad Adrano e Biancavilla. Le aree indicate nella delibera di Giunta n.162 del 22 giugno 2015 sono: Sicani, Madonie, Nebrodi, esclusi i comuni di Nicosia, Cerami, Troina, Calatino e con l'aggiunta dell'area Simeto Etna, individuata a livello nazionale come area sperimentale.
Queste aree sono state inserite nella proposta del P.O FESR come territori con particolari svantaggi, sui quali si interverrà attraverso lo strumento degli investimenti territoriali integrati. Inoltre, esse potranno accedere anche ai finanziamenti nazionali. Il governatore Crocetta, anziché considerare bene la cartina geografica, i reali bisogni delle comunità, le condizioni finanziarie in cui versano i comuni chiusi nella morsa della doppia T (tagli e tasse) e anche la storia – riguardo a ciò che essi hanno dato e fatto –, ha cancellato ed eliminato ogni giusta aspirazione. Ignorando che negli anni '70 quelle zone sono state protagoniste e artefici dello sviluppo delle zone interne, con risultati non da poco conto, mettendo in campo idee che poi hanno camminato nel tempo, in rapporto alle condizioni reali, ai

bisogni e ai nuovi interventi legislativi e comunitari. La provincia di Enna, deve sapere il governatore, ha sempre dato (zolfo, sali potassici, acqua, metano) anche se spesse volte lo scambio è stato ineguale.

Se alle ineguaglianze del passato si aggiunge l'ingiustizia del presente, vuol dire che qualcosa non quadra nel modo di fare e programmare di Crocetta. Se poi volesse conoscere la Sicilia interna, gli suggerirei la strada che percorreva Federico II e anche Carlo V nel suo viaggio in Sicilia, che va dalle Petralie ai Nebrodi, all'Etna, verso Messina. La strada che incrocia a Nicosia la Nord-Sud, da completare nel tratto Nicosia-Leonforte-Mulinello. Il tratto per il quale Crocetta ha ottenuto il finanziamento utile a coprire i buchi di bilancio della spesa corrente. Dopo il dirottamento del finanziamento e il mancato inserimento nelle zone interne, bisogna parlare di un doppio scippo dovuto anche alle troppe distrazioni del ceto politico, così come, possibilmente, alla sfiducia che regna nelle comunità per i mancati impegni e alla fuga dei giovani.

giovedì 15 ottobre 2015

La corsa continua

Sono partiti in sei e sono rimasti in due, Battiato e Bosco, a disputarsi la finale per la conquista di Palazzo Scamacca. Smacco matto al Pd dopo 10 anni di governo della città. Un lascito sull'orlo del fallimento e delle prospettive incerte, a causa anche delle nefaste politiche nazionali e regionali sugli Enti locali.
Ridotti a esattori, questi, tra tagli e tasse, e non più protagonisti autonomi in un contesto economico e sociale reso drammatico dalla mancanza di lavoro, dall'impoverimento del ceto medio e dall'aumento crescente delle disuguaglianze. Il crollo del Pd nei molti comuni in cui si è votato deriva anche dalle politiche governative e dalla presentazione dello stesso nei territori come aggregazione elettorale temporanea, piuttosto che come partito con volto e identità propri: qualcosa che inizia e finisce in rapporto al consenso, passando dal gettare la sabbia agli occhi durante le primarie, quando tante volte i partecipanti superano i voti reali che usciranno dal segreto delle urne. Fatte le primarie, gabbato il candidato Zarbano.
Nessuno dei sondaggisti di strada però aveva previsto una caduta così rovinosa. Si capiva che il candidato aveva delle difficoltà e che la partita era tra Battiato e Bosco, anche se all'ultimo minuto la presenza della candidata dei 5S aveva smosso le acque, ma sul fatto che sarebbe arrivato ultimo,

nessuno avrebbe scommesso un soldo. È stato la vittima sacrificale, anche per sua responsabilità, di una partita giocata per perderla, senza slancio né impegno. Una partita che il Pd avrebbe dovuto giocare diversamente facendo un passo indietro. Cattivi e blasfemi pensieri. Sempre innanzi. Il sole ci sorride, Renzi ci protegge, Marziano farà straripare il Lisso con una pioggia di finanziamenti. Proprio come fece l'allora sottosegretario al Mezzogiorno Gianfranco Micicchè, venuto a Lentini per il sostegno a Franco Rossitto, amico di Pippo Gianni e della ministra Prestigiacomo. Eletto Rossitto, spariti il sottosegretario, la ministra e l'onorevole. Dopo alcuni mesi sparì anche Rossitto e venne l'uomo che avrebbe dovuto liberare la città. Dopo il liberatore abbiamo avuto il bravo ragazzo, con risultati che sono sotto gli occhi di tutti e certificati dal voto dell'altro ieri. Altra storia, vero. Ogni tanto però volgere lo sguardo indietro nel tempo può aiutare a capire, per cercare altre rotte, anche se tempestose.
La sfida del governare è una sfida prima di tutto con sé stessi, con i valori, la coerenza e l'onestà. I due contendenti alla carica di sindaco, anche se escono dall'esperienza poco esaltante di consiglieri, appartengono a una generazione che vuole spendersi con maggiore impegno e dedizione alla città. Un elemento non secondario, ma fondamentale per il rinnovamento della politica e per permettere di sprigionare tutte le energie insieme ad altri, mai soli, per dare fiducia e motivazione.

Dei due contendenti nessuno ha svettato, per questo la partita è interessante e aperta. La lettura dei dati ci aiuta in questo. Dei sei candidati che si sono presentati, analizzando il voto dei sindaci e delle liste, emerge che tre di loro (Battiato -9,38 %, Zarbano -5,24 %, Laezza -0,7 %) hanno perso complessivamente il 14,69 % dei voti, che sono andati a Cunsolo per il 5,83 %, a Bosco per il 4,88 %, a Saggio per il 3,98 &, per un totale appunto di 14,69 %. Sono dati da capire per i successivi passaggi, non solo per i contendenti finali, ma anche per gli sconfitti. I numeri parlano perché hanno dei volti. Buona lettura e auguri alla città.

venerdì 10 giugno 2016

È possibile

All'indomani delle elezioni amministrative del giugno 2016. Non solo Lentini.

Ora viene il bello per tutti i sindaci eletti in questa tornata elettorale, non solo per Saverio Bosco. Le situazioni sono diverse di comune in comune, ma tutti si troveranno a fare i conti con risorse finanziarie sempre più scarse e drammi sociali sempre più laceranti, con l'aggiunta di un'ondata migratoria di difficile gestione a causa della scarsa comprensione di un fenomeno inarrestabile.
Per i sindaci è una sfida reale, in quanto riguarda la frontiera democratica della partecipazione e della convivenza civile. Se venisse persa ci troveremmo nel far west della condizione umana. Il paradiso per pochi, l'inferno per la moltitudine. Proprio questo il governo Renzi non vuole capire e proprio per questo il suo partito ha preso una gran batosta ovunque. Si è salvato a Milano grazie al lavoro politico di Pisapia e a Bologna, città in cui ancora quel sistema di potere regge ma declina.
Senza il lavoro politico e organizzativo nei territori si è sempre in balìa delle fluttuazioni delle maree sociali mentre nessuno uomo solo al comando può tenere dritta la barra del governo. Il racconto si è spezzato essendo non più credibile. Ed ecco il brillare non più di sole cinque stelle, ma di tante

stelle sparse nel firmamento politico. Nei contesti in cui si sono presentati hanno vinto, con volti di donne coraggiose e tenaci.

Ciò è avvenuto anche in Sicilia. A Lentini hanno pagato il ritardo nella presentazione, ma sono in consiglio con la candidata sindaco Maria Cunsolo. Vedremo cosa saprà fare lei, come del resto l'intera opposizione, anche se manca la figura di Stefano Battiato a causa di una legge elettorale assurda che non prevede la presenza in consiglio del candidato sconfitto al ballottaggio.

Le sfide non sono solo per chi governa, ma anche per l'opposizione, sul piano del controllo e delle proposte. Il confronto è auspicabile e possibile essendo in campo una nuova generazione, libera, spero, e senza scorie del passato. Potranno farcela mettendo in conto anche possibili errori, lentezze e incomprensioni di varia natura, che sono dell'operare quotidiano.

È importante che non siano in malafede e che non si spezzi il filo del dialogo. Anche la società civile più sensibile e accorta dovrà fare la propria parte con impegno e in maniera disinteressata. Monte Pancali ci guarda e ci osserva insieme alla vicina Carlentini.

domenica 26 giugno 2016

Qualche parola

Ad oggi, e non credo che mi sia sfuggito, non ho avuto modo di leggere alcun commento sulla pesante sconfitta del Pd a Lentini da parte del coordinamento del circolo. Non penso che l'aggregazione elettorale temporanea si sia già sciolta, e che ognuno sia andato per la propria strada. Se fosse così, la mancanza di un saluto di ringraziamento agli elettori e alle elettrici, e alla vittima sacrificale Andrea Zarbano, sarebbe una grave caduta di stile politico. Che potrebbe essere intesa come fuga dalle responsabilità.
Ma non sarebbe la prima volta. Prima si prende, poi si scappa, per poi apparire nelle grandi occasioni festose e mai durante i drammi sociali e gli episodi di violenza criminale. Proprio nelle sconfitte non si deve mai scappare. Bisogna metterci la faccia e cercare d'avviare la discussione sulle cause della sconfitta stessa, dal momento che è stata pesante per il distacco dalla società, per gli umori negativi sul governo della città e anche per le divisioni interne. Esse sono esplose durante la campagna elettorale nella pratica organizzata del non-voto nei confronti del candidato sindaco.
Prima la finta pace delle primarie, dopo la guerra totale con la disfatta. Una guerra non verso gli agguerriti avversari, ma sotto lo stesso tetto, da amici-nemici, con il risultato di

trovarsi senza tetto, scoperchiato dal vento del cambiamento. Per completezza: ciò è avvenuto non solo nella città di Gorgia, ma anche in tanti altri centri piccoli e grandi. La sconfitta si è registrata ovunque, con minore e maggiore gravità. In Sicilia, il sole del governo "riformista" è stato oscurato da una fitta tempesta di sabbia per la mancata "rivoluzione".

Chi già pensa alle prossime regionali o politiche per schierare i propri "idoli" deve stare sereno, in quanto molte cose già sono cambiate e potranno ulteriormente cambiare in autunno, con il referendum e le regionali della primavera 2017. Nella serenità estiva, spero di leggere qualche commento da parte del Pd sulla scia dei candidati del primo e del secondo turno.

Nel primo ho letto quello di Laezza, Saggio, Zarbano e della signora Cunsolo. Nel secondo, dopo il ballottaggio, ho potuto ascoltare le parole del vincitore Saverio Bosco e dello sconfitto Stefano Battiato. Ora, dal partito che ci ha messo la faccia e ha governato la città per lunghi anni, e anche dai 5S, in questo mare di liste civiche, si vorrebbe leggere qualcosa. Anche una semplice parola di ringraziamento per il consenso ricevuto negli anni e per aver rottamato la storia uscendo di scena.

lunedì 27 giugno 2016

In ricordo del "Sindaco contadino"

Ho conosciuto per la prima volta Ciccio in un incontro serale al partito che non c'è più. Anche Ciccio ha vissuto il dramma storico, politico e umano che è stato la fine del Partito Comunista. Un dramma che ha segnato la fine di una storia, per un nuovo approdo che col passare del tempo è stato avvolto dalle nebbie di un progressismo riformista senza anima né corpo. In quell'incontro, siamo nel gennaio del '69, l'oggetto della discussione era il rapporto tra i comuni di Lentini e Carlentini riguardo alle questioni urbanistiche. Un tema non facile a causa della complicata configurazione territoriale e urbana.

Quello che mi colpì nel corso della discussione fu la lucidità delle argomentazioni del sindaco Guercio riguardo alle difficoltà che si sarebbero incontrate nel mettere assieme una linea comune per la contrada "Santuzzi". Le difficoltà, come riconosceva anche il sindaco di Lentini Marilli, erano reali perché occorreva una legge per la rettifica dei confini tra i due comuni.

Anche l'ipotesi della creazione di un consorzio per la gestione di un'area abitativa non era praticabile a causa della mancanza di strumenti normativi. Infine l'attenzione nel corso della discussione si concentrò sulla lentezza dei tempi di approvazione dei provvedimenti legislativi.

L'urgenza di un simile provvedimento nasceva dal bisogno di evitare l'espandersi del fenomeno dell'abusivismo, il quale iniziava a produrre i suoi effetti devastanti sui territori. In tutta la discussione una cosa chiara era che tra le due sezioni non c'era possibilità di sintesi, e nello scorrere degli interventi tutto ciò diventava sempre più evidente. Interventi sempre puntuali, ma distanti, per tentare una soluzione al difficile problema. A queste difficoltà si aggiungevano le polemiche strumentali delle opposizioni che accusavano il sindaco Guercio di svendere una parte del territorio di Carlentini ai lentinesi.

Una polemica fuori dal tempo e dal vissuto reale rispetto alle dinamiche economiche e sociali che riguardavano la città di Jacopo e il suo territorio. Anche dopo l'uscita di scena del "sindaco contadino", il discorso continuò e si arenò in un nulla di fatto, con il risultato che ancora oggi abbiamo due comuni attaccati l'uno all'altro, ma distanti.

Ho incontrato Ciccio tante altre volte, anche dopo la sua esperienza di sindaco. Per 14 anni ha governato la città con la stessa dedizione, impegno e amore con i quali curava l'agrumeto della "Vaddara", vicino al risorto viale dei pini del Biviere. Discutere con lui era sempre piacevole anche perché è rimasto attento alle questioni sociali e al tema dell'agricoltura fino alla fine.

L'agricoltura era al centro di pensieri e riflessioni del compagno Ciccio. "Un giorno non lontano", ribadiva insistentemente con la sua solita caparbia determinazione, "per sfamare il pianeta bisognerà tornare alla madre terra!". Sono convito che, a Ciccio, la notizia dei tanti giovani che si stanno avvicinando alle campagne per dar vita a nuove imprese agricole avrebbe fatto piacere. Nelle sue parole di contadino di un tempo sento riecheggiare molte delle cose che scrive quotidianamente Vandana Shiva sulla terra, l'acqua, le sementi e la necessità dei contadini di stare insieme contro i signori delle multinazionali dell'agro-alimentare, dei divoratori del suolo e delle foreste.

Un giorno, prima di vendere l'agrumeto, mi volle portare in campagna. "Questa campagna", mi disse commosso, "ha rappresentato la vita mia e della mia famiglia. Non potendola più curare la venderò per non farla perire, perché sarebbe un peccato dopo aver visto questi alberi crescere come si crescono i figli".

Ciccio era questo, oltre a essere stato un bravo, sobrio e onesto sindaco. È stata una di quelle persone che lasciano il segno per il loro modo di essere: un uomo, un comunista e un amministratore.

mercoledì 28 dicembre 2016

Una storia che nessuno potrà cancellare

Settembre 1943. Due mesi dopo dello sbarco degli Alleati nell'isola nasceva "la camera del lavoro", con la presa degli attuali locali di Via conte Alaimo, sede del dopo-lavoro fascista, per volontà di un gruppo di lavoratori di sinistra prevalentemente socialisti e comunisti. Già presenti negli anni bui del regime fascista, qualcuno in clandestinità e qualcuno cacciato al confino. Una presenza che andrebbe rivisitata per meglio capire il loro impegno anche nelle vicende della città e successivamente con l'avvento delle libertà democratiche. Nella libertà gettarono le basi per la costruzione della casa comune dei lavoratori. Una casa ancora in piedi che negli anni ha superato tutte le laceranti divisioni del mondo sindacale e della stessa sinistra.
La camera del lavoro nella sua lunga storia non è stata solo il luogo d'incontro, di decisioni e di mobilitazioni in difesa dei diritti dei lavoratori e delle lavoratrici, ma è stata anche il luogo dei mille bisogni della gente. Bisogni che tante volte si tramutavano in aiuti, in assistenza, in solidarietà per l'incidenza che avevano nella vita delle persone. Dentro la cornice del grande sogno del periodo, il lavoro e la terra: era il sogno del dopoguerra lottare per un pezzo di terra e un lavoro con un giusto salario, per uscire dall'indigenza e migliorare le condizioni della propria famiglia.

Un periodo drammatico in cui indescrivibili sofferenze portavano a tumulti di piazza e azioni estreme, che spesse volte sfociavano in veri e propri assalti ai magazzini di molti ricchi proprietari. Come è avvenuto nel luglio del '46, con degli assalti che si conclusero con più di 160 arresti e con condanne pesanti, non scontate, per il sopraggiungere dell'amnistia. Una data che segna l'inizio dei primi arresti di massa, che si ripeteranno nel corso dell'occupazione delle terre del barone Beneventano della Vaddara. Un movimento, quello dell'occupazione delle terre, che ritroviamo in tutto il Mezzogiorno sotto la parola d'ordine "la terra a chi la lavora". Un movimento fortemente consapevole e per nulla intimorito dell'azione repressiva dello Stato, in un clima politico mutato per la fine del governo di unità nazionale che vedeva la partecipazione dei socialisti e dei comunisti. Con il passare degli anni, alle lotte per il lavoro e il salario seguirono quelle per il diritto alla salute e alla riforma del sistema pensionistico, per arrivare alla conquista della riforma della scuola media e dell'apertura degli accessi all'Università. Una svolta per una scuola democratica aperta a tutti, volta alla promozione della persona.
Il '68 e il '69 sono stati anni di profondi cambiamenti nel modo di pensare, agire e comunicare con movimenti e organizzazioni di diverse estrazioni. Un cambiamento che si colloca lungo la scia del luglio '60, contro il governo Tambroni per la democrazia e un nuovo corso politico. Un luglio '60 che vide protagonista, insieme alla classe operaia, la

generazione con le magliette a strisce e i jeans. Una generazione gioiosa, non ideologica ma piena di ideali, che amava i Beatles e Rolling Stones. Lungo questo cammino e nel nuovo clima del '68, una sera di febbraio i giovani universitari della Fuci s'incontrarono con un gruppo di braccianti nel salone della camera del lavoro per un confronto sui temi della condizione bracciantile e il futuro dell'agrumeto. Fu un confronto serrato, rispettoso, appassionato e pieno di tante domande e curiosità. Due mondi a confronto, legati alla stessa realtà, con ruoli sociali diversi interessati a conoscersi. Una conoscenza durata nel tempo, proseguita per alcuni verso un cammino comune. I fatti di Avola del dicembre '68, con i tre braccianti uccisi dalla polizia, hanno segnato il movimento bracciantile siciliano per la gestione del collocamento e un maggiore potere contrattuale nelle aziende.

Sull'onda del movimento, a Lentini si attuava la prima gestione democratica del collocamento. L'avviamento al lavoro avveniva attraverso la richiesta numerica delle aziende, grazie alla circolare dell'allora ministro del lavoro socialista Brodolini. Fu un fatto enorme e dirompente contro il mercato delle braccia, le discriminazioni padronali e i piccoli favoritismi familistici. Successivamente, con la manifestazione-occupazione dell'azienda Cassis di Rizzolo dell'11 luglio '69, si aprì un nuovo terreno di lotta sugli organici aziendali, il diritto d'assemblea e il riconoscimento dei delegati aziendali. L'iniziativa portò all'assunzione di circa 100 braccianti di Buccheri e all'elezione del primo delegato aziendale nella persona del bracciante agricolo Giuseppe Caleffi di Buccheri. Questo primo risultato innescò un processo a catena che investì anche le aziende commerciali sul versante occupazionale e salariale, poiché permanevano delle odiose discriminazioni tra uomini e donne che svolgevano le stesse mansioni. È stato un primo passo significativo verso la parità a fronte di non pochi mugugni della Lega autonoma degli agrumai interni, quasi sempre in contrasto con il sindacato per motivi organizzativi e contrattuali. Nei momenti cruciali delle vertenze, però, si riconosceva il ruolo delle operaie per la capacità di aggregazione che esercitavano fuori e dentro i magazzini. Un mondo, questo delle lavoratrici dei magazzini, fatto di mamme e figlie, dedite al lavoro, talvolta indifese, ma con una coscienza di gran lunga più alta degli stessi compagni di lavoro. È un mondo che andrebbe riscoperto e valorizzato in quanto parte integrante della storia del movimento democratico e sindacale lentinese. Le donne aiutate da Graziella Vistrè, non solo sul piano contrattuale ma anche sul diritto alla casa, hanno dato molto, ma sono state le prime a essere espulse dal lavoro a seguito dell'introduzione delle macchine nei processi di lavorazione delle arance e della chiusura di quelle aziende che non riuscivano a stare più sul mercato. Con la conquista delle terre degli anni '50, molti braccianti si avviarono verso un nuovo status sociale, un fenomeno non molto esteso ma significativo, proseguito negli anni con la legge sulla formazione della piccola proprietà coltivatrice.

Da semplici salariati a giornata, decine e decine di braccianti si trasformarono in piccoli proprietari che, con sacrifici e sudore, contribuirono a cambiare il paesaggio agricolo in una foresta di alberi d'arancio dal profumo di zagara. Alcuni di loro rimanevano coltivatori diretti mentre altri assumevano lo status di coltivatori-salariati, cioè lavoravano in proprio e per terzi. L'emergere di queste nuove figure miste, che ritroviamo non solo nel campo agricolo ma anche in altri settori, creava non poche difficoltà al sindacato nella gestione del mercato del lavoro e dei contratti, in particolare nei mesi estivi a causa della contrazione dell'occupazione e della pratica dello scambio tra salario e giornate non dichiarate. Un fenomeno dilagante di lavoro irregolare e mal pagato, coperto però, ai fini previdenziali, dal blocco degli elenchi anagrafici, che trova la sua maggiore espansione negli anni Settanta con l'esplosione dell'abusivismo edilizio sia nella costa che in città. Una città con una economia prevalentemente agricola e un indotto fiorente, ma anche di servizi essenziali per tutta l'area. Elemento, questo, non sempre compreso sul piano dell'apporto economico e sociale, come quello che arrivava pure dagli oltre tremila operai che lavoravano nella zona industriale di Priolo. Una ricchezza complessiva e diffusa proveniente da diversi settori che faceva di Lentini una delle città con il più alto reddito pro capite del Mezzogiorno. Dopo l'occupazione delle terre il punto più alto del movimento bracciantile fu toccato con le lotte per il salario.

Erano giornate di tensioni, in un crescendo di partecipazione, giorno dopo giorno, a oltranza. Giornate che pesavano sia ai protagonisti dello sciopero che alla città per la paralisi che si veniva a creare. Ancora oggi sono rimasti nella memoria collettiva della città gli scontri alla Stazione del gennaio '66, quando la polizia sparò sui manifestanti in lotta per il rinnovo del contratto.

Questo modo di condurre le proteste creò nel tempo non poche difficoltà alla costruzione di tante altre iniziative definite in giorni e ore ben limitate. Una concezione che veniva da lontano, presente anche nella sinistra, che in alcune occasioni sfociava in proteste fini a sé stesse e in mugugni di piazza, talvolta tanto distruttivi quanto ingenerosi. Una concezione che in alcuni momenti veniva di nuovo fuori con le motivazioni più disparate, tendenti molte volte alla difesa del proprio interesse a scapito di quello dei meno protetti appartenenti alla stessa categoria. Una categoria che iniziava ad avvertire il suo lento declino, come classe sociale protagonista, verso la metà degli anni Settanta, di pari passo alle continue crisi dell'intero comparto e all'affermarsi del piano Mansholt nella politica agricola comunitaria, a scapito delle produzioni mediterranee. Questa politica mise in luce anche l'arretratezza del comparto e l'inadeguatezza della risposta a causa della polverizzazione aziendale, della scarsa volontà a fare gruppo per un salto nella gestione dell'intera filiera produttiva e commerciale. Anche il sindacato aveva delle difficoltà nel comprendere quello che stava avvenendo in tutto il comparto e nel dare le risposte, non solo in termini di rivendicazione salariale, ma anche di politiche agricole e previdenziali.

Tutte problematiche che sono ritornate in questi ultimi tempi, le quali stanno avendo delle significative risposte sul versante legislativo nazionale e comunitario, ma che ancora oggi non riescono a frenare l'abbandono degli agrumeti e la fuga dei lavoratori dalle campagne. Dalle cinquemila unità lavorative dell'intero comparto, senza contare gli esterni in nero degli anni Settanta, si è assistito a un calo drastico della manodopera e a una diminuzione vertiginosa delle giornate per il restringimento del ciclo produttivo e di lavorazione. Un tempo a Lentini arrivavano i lavoratori da altre città, oggi sono i lavoratori lentinesi ad abbandonare la loro città. Questa è la storia di tutte le crisi delle economie monoculturali sia agricole che industriali. Una storia in cui la città è stata ed è ancora coinvolta. Una storia con la quale bisogna fare i conti, ancora oggi, per innovare l'esistente, per diversificare le produzioni e per cercare di muoversi in altre direzioni di attività sino a oggi inesplorate. Necessitano però politiche di sostegno reali e celeri al fine di incrociare e favorire una nuova generazione di imprenditori agricoli, la cui mancanza è una delle cause del declino. Un problema che sapevamo si sarebbe presentato, in quanto era nell'aspirazione degli stessi padri vedere i propri figli impegnati in altre attività, meno dure e faticose. Il sogno della generazione del miracolo lentinese, dopo la terra e il lavoro, era quello di poter mandare i figli agli studi. Un sogno realizzato da molti, anche da tanti braccianti e operai di altri settori che vivevano a giornata.

La ricostruzione fin qui condotta, anche se parziale, non poteva che concludersi con la riflessione sul rapporto tra partito e sindacato, con attenzione agli aspetti riguardanti il governo della città nei periodi delle amministrazioni di sinistra. Queste diverse entità venivano viste, percepite e identificate dalla stragrande maggioranza dell'opinione pubblica in un'unica entità: il partito. Il partito, la mente; la camera del lavoro, il braccio operativo; l'amministrazione, il punto di mediazione dei bisogni e delle vertenze delicate, in particolare quando le cose non si mettevano per il giusto verso. Il rapporto tra partito e sindacato incominciò ad allentarsi per l'avvicinamento delle tre confederazioni sindacali negli anni '68/'70 sul terreno unitario delle vertenze. L'unità ritrovata del mondo del lavoro inaugurò una stagione di lotte e conquiste sino ad allora insperate. Anche a Lentini il dialogo s'infittì e sfociò nella festa unitaria del primo maggio '69. Fu un momento alto, accompagnato da qualche mugugno per l'avvicinamento. Da quel momento iniziò un lento e graduale distacco affinché ognuno potesse assumere la propria autonomia.

Nel frattempo, il Partito comunista con segretario Luigi Longo, sotto l'incalzare degli avvenimenti, apriva un dialogo con gli studenti e ridefiniva il ruolo del partito come "parte" della società, superando una certa concezione totalizzante per avviare una nuova e diversa dialettica tra partito e sindacato, tra partito e movimenti. Un cambiamento dirompente imposto dalla crescita della società italiana in senso democratico e partecipativo. Anche a Lentini cambiavano molte cose sul modo di vivere e di operare del sindacato. Gli incontri nel partito erano approntati nel rispetto delle posizioni e della massima dialettica. Gli anni a seguire, fino ad arrivare ai nostri giorni, sono sotto gli occhi di tutti per la portata sconvolgente dei processi di globalizzazione e le conseguenze sulle persone.

martedì 28 febbraio 2017

Biviere di Lentini: valorizzazione e fruibilità

Per quello che vale oggi, dopo anni di silenzi, nel paese degli incompiuti e delle opere pubbliche distrutte, come se questa comunità fosse governata da un gruppo di Talebani accecati dall'odio per il passato, ripropongo l'idea progettuale, presentata alla città dalla Camera del Lavoro a metà degli anni Novanta, per la valorizzazione del Lago e della parte circostante con il fine di creare una vasta area di fruibilità e di possibilità di lavoro.

Un progetto per la dimensione e la collocazione territoriale che non riguardava solo Lentini, ma anche altri comuni vicini, e che entrava in armonia con la zona umida della foce del Simeto. La via dell'acqua e degli uccelli migratori si trova ai confini di una grande area urbana e infrastrutturale di un certo interesse per il movimento delle persone e anche per il crescendo della sensibilità ambientale. Il progetto partiva dalla valorizzazione dello specchio d'acqua e della ricchezza ambientale, archeologica e infrastrutturale circostante, perché si potesse farne un grande parco verde con il Lago al centro della rete dei servizi.

L'idea, per la sua natura e gli ambiti di competenza, venne discussa e verificata con il dott. Stella del Consorzio di

Bonifica e il commissario del Consorzio dell'epoca, ing. Randazzo, i quali dimostrarono interesse e impegno per aver compreso il valore dell'iniziativa. Le linee progettuali venivano così riassunte: delimitazione dell'area per la creazione del Parco oltre la zona di protezione del Lago; fruibilità dello specchio d'acqua con attività sportive compatibili con la natura del luogo; recupero dei fabbricati del Villaggio e delle cave attorno al Lago; protezione della zona archeologica e del viale dei pini, creazione dell'osservatorio degli uccelli, della pista ciclabile e del parcheggio attrezzato; ammodernamento delle strade provinciali e della stazione di Val Savoia.
Strumento gestionale: un consorzio tra il comune di Lentini e il Consorzio aperto agli altri Enti interessati per competenza. Progettazione concorso d'idee a livello nazionale. Finanziamento dai fondi europei di sviluppo. Infine, per completezza di ricostruzione, l'allora commissario del Consorzio, ing. Randazzo, che era anche capo dell'ispettorato forestale di Siracusa, di sua iniziativa aveva preso a sondare la volontà dei proprietari dei terreni circostanti al Lago per verificarne la disponibilità alla cessione. Questi avevano dimostrato il loro interesse grazie alla convenienza degli indennizzi. Fine della storia. Una storia che è sotto gli occhi di tutti.
Ps. Per dovere di completezza, ultimamente sono state fatte delle precise richieste all'amministrazione comunale e agli assessorati regionali competenti per valutare la possibilità

d'inserire il Lago di Lentini nel programma delle idee progettuali del ministero della coesione sociale, così come il Parco archeologico di Leontinoi. Due parchi nella stessa area, interconnessi e alimentati da tutto ciò che offre il ricco territorio. Aggiungo che, all'epoca, la zona di salvaguardia del Lago, per intenderci l'area recintata, era di competenza del Consorzio di Bonifica, oggi è dell'assessorato all'Energia. Qualsiasi iniziativa progettuale dentro l'area di salvaguardia dovrà necessariamente passare da una convenzione tra il comune e l'assessorato regionale. Richiesta più volte sollecitata ma mai soddisfatta.

L'articolo è stato diffuso tramite Fb il 18 aprile 2013 alle ore 12:29

venerdì 24 marzo 2017

Di cava in cava, di monnezza in monnezza

L'articolo di Gregorio Valvo[1] ripercorre una parte della storia dello smaltimento dei rifiuti speciali e non, in luoghi lontani e vicini, alla luce del giorno e al buio della notte. Una storia che potrebbe essere completata dai tanti servizi di Video Triangolo.
Da Serra Valle ad Armicci a Grotte San Giorgio, quando la competenza territoriale era di Catania. Però, prima della discarica della discordia, Pastorino, bisogna anche ricordare l'altrettanto discordante iniziativa dell'allora sindaco Nello Neri per la realizzazione di un termovalorizzatore e l'utilizzo di alcune cave per il deposito delle scorie.
In quel periodo, anche il comune di Carlentini si mosse con l'indicazione alla Regione di un suo sito. I termo-cuffariani giravano come le pale eoliche e le cave. Le cave, per dir la verità, hanno fatto sempre gola e lo continueranno a fare se non si metterà mano ad una organizzazione del territorio e al piano regionale dei rifiuti. Mi sorprende però che nel corso del dibattito sulla discarica nessuno abbia citato e letto a voce alta ciò che è scritto nella relazione tecnica della Variante

---
1 http://www.lanota7.it/augusta-il-caso-cisma-fa-esplodere-il-bubbone-dellinquinamento-e-del-business-nel-siracusano-industrie-discariche-inceneritori/

Generale al Prg sulle aree in prossimità al Lago Biviere. Aree da utilizzare e valorizzare attraverso l'elaborazione di un piano particolareggiato entro il raggio di 1 Km. Gregorio Valvo conosce la storia per aver trasmesso la riunione del lancio della proposta della Camera del Lavoro che riguardava il Parco attorno al Lago: oltre al verde, la zona archeologica, le attività del tempo libero, il recupero delle case del villaggio, la bonifica della discarica e della zona attorno al depuratore, vi era indicata anche l'utilizzazione delle cave.

Se quell'idea fosse andata avanti con il piano particolareggiato nessuno avrebbe potuto mettere le mani su quei luoghi. Tant'è che il commissario *ad acta* nominato per l'approvazione del Prg, avendo capito l'importanza di quei luoghi, impose la redazione di uno studio di incidenza ambientale, che giace all'Ufficio tecnico del comune. Al primo giorno della venuta della ditta Pastorino al comune non bisognava fare altro che consegnare quelle due paginette per farle comprendere, a voce e con le carte, che non era possibile.

Non penso però che questi signori non siano a conoscenza delle carte. Se conoscono i luoghi, i proprietari dei terreni, difficilmente non conoscono le carte dei comuni. E anche qualora non sapessero, vi fu un consiglio comunale che li rese edotti con un bel "no!" corale. Ma loro hanno insistito, sapendo che alla Regione molte porte sono spalancate e che una firma può variare le indicazioni di un piano e la volontà di un consiglio, con il risultato di una popolazione infuriata contro la discarica. Non solo contro questa discarica, ma anche contro l'allargamento della discarica di Grotte San Giorgio che sta per arrivare alle porte della città.

Come finirà non saprei dirlo, ma ho il vago sospetto che la ditta Pastorino, non avendo comprato i terreni e le iniziative in corso, possa abbandonare l'idea. Spero però che questa esperienza possa servire ad avviare la discussione e la conseguente approvazione della variante generale al Prg. per iniziare a ragionare sulla città e il suo territorio.

L'articolo è stato pubblicato su La Nota, il 27 gennaio 2017[2].

sabato 25 marzo 2017

---

2 http://www.lanota7.it/lentini-ce-ancora-chi-ricorda-lotte-e-vecchio-orgoglio-leontino-ora-qualcuno-pensa-che-gli-sputi-in-faccia-siano-pioggia/

La storia infinita del Piano Regolatore di Lentini

29 luglio 1988. È una data da ricordare per l'avvio della revisione del Piano Regolatore generale ancora in itinere dopo 19 anni. Era una serata afosa di fine luglio, l'aula di via Galliano era strapiena, ma si respirava – nonostante qualche consigliere si lamentasse per la temperatura non gradevole – quando il consiglio comunale, dopo una lunga e interessante discussione, preceduta da diversi incontri pubblici, approvava la direttiva per la redazione dello schema di massima del Piano. Questa, nell'ottobre del 2000, veniva approvata dal commissario *ad acta* in sostituzione del consiglio, quello che doveva fare ma che non ha fatto.

Non è stata l'unica e sola volta che la Regione ha inviato dei commissari *ad acta* per sostituirsi alle inadempienze della pubblica amministrazione. Ci sono state altre due volte, in un continuo andata e ritorno faticoso e lento. Ci si fermava, si ripartiva, ci si fermava, con le variazioni che però andavano avanti senza sosta.

Nel 2006, due anni dopo l'insediamento, l'amministrazione Neri decideva la sostituzione del progettista incaricato, architetto Lundari, con il suo collega d'ufficio, architetto Danna, "per nuove direttive sulla revisione del piano". Questi non ha fatto altro che riprendere alcune linee dello schema di massima, già approvato, arricchendolo con altre considerazioni storiche, demografiche ed economiche per cercare d'elaborare uno schema di revisione che guardasse ai piani regolatori espansivi del passato e all'attuale condizione urbana, territoriale e sociale della città, deturpata e in profonda crisi economica. Con l'aggravante attuale di un comune in dissesto finanziario e che ancora non riesce a trovare la strada del riequilibrio per mettere ordine ai propri conti. Ordine nei conti e nella pianificazione urbanistica che sarebbe utile alla città, la quale non si può presentare disordinata e cadente, avvolta in ogni suo angolo da una vegetazione lussureggiante di canne incenerite dal fuoco.

Quando si aprirà la discussione sulla revisione del Piano per completare l'iter, spero presto, il nesso tra ricomposizione del tessuto urbano e rapporto con il territorio, tra il paesaggio e la questione delle cave, per evitare altre Armicci, dovrà essere l'anima del nuovo Piano rispetto al passato.

Non credo che l'attuale amministrazione possa perdere altro tempo per continuare a percorrere la strada del "variando variando". Conosciamo le illusioni che hanno creato le regine delle varianti, il golf e Xirumi e, allo stesso tempo, dovrebbero fare riflettere, non sempre per scansarsi dalla fatica della ricerca.

In contrada Biviere si sarebbero dovute vedere volare e rotolare le palle sul manto erboso del campo da golf, con attorno le villette a schiera, mentre a Xirumi si aspettava che dal cielo scendessero i dollari dello zio Sam con i droni di guardia a Sigonella.

lunedì 14 agosto 2017

Come iniziò la lotta per il nuovo Ospedale di Lentini

Il 26 febbraio del 1986 il Comitato di gestione dell'unità sanitaria locale n.28, alla presenza del presidente on. Guido Grande, del vice Salvatore Amore e dei componenti signori: Brogna Ettore, Cunsolo Gaetano, Gallitto Alfio, Selvaggi Salvatore, Mugno Carlo, Salemi Vito, Scalone Carmelo e la signora Cassarino Lina decidevano all'unanimità, dopo aver ascoltato le relazioni del direttore sanitario dott. Giuseppe Stuto. "L'Ospedale – affermava – non presenta quegli ottimali requisiti sanitari che dovrebbero essere garantiti in un luogo di cura", mentre il capo dell'ufficio tecnico dell'Usl ing. Luigi Biagione faceva presente che "le strutture portanti non risultano idonee a resistere a sismi anche di media entità", che bisognava avviare l'iter per la costruzione del nuovo presidio ospedaliero e l'assegnazione della redazione del progetto. Infine il dott. Giuseppe Navarria, nella qualità di Coordinatore Sanitario, dichiarava "che si sarebbe adoperato con grande impegno per la realizzazione dell'opera per la parte di sua competenza".
Letto, approvato e sottoscritto da Grande, Cunsolo e il segretario Cappello. Nella delibera successiva, la progettazione viene affidata allo studio Decola di Messina, si

ottiene il finanziamento di circa 70 miliardi, di cui 35 nel primo piano triennale, e la parte restante nel secondo piano, che arriva sei anni dopo, con notevole ritardo sulla programmazione dei lavori. Nell'agosto '95 si tiene la gara, dopo la firma del decreto da parte dell'allora assessore regionale alla sanità Borrometi a seguito di insistenti pressioni del movimento e dei sindaci del periodo, Monaco e Raiti, nel clima di Tangentopoli e del blocco delle opere pubbliche. Un clima pesante, superato con l'incontro a Lentini, in piazza Aldo Moro, con l'assessore Borrometi, con l'impegno della firma del decreto, che poi si è ottenuta per il proseguo dell'opera.
Una storia lunga, ma alla fine sul Colle Roggio si vede una struttura moderna al servizio della comunità della zona. Ai protagonisti della scelta, come si evince dalla delibera, alle forze politiche e sociali, alle ammnistrazioni e alle associazioni di volontariato, al costante impegno del movimento di lotta unitario Camera del Lavoro andrebbe dedicata una targa per ricordare che nessuno ci ha regalato nulla.

sabato 2 dicembre 2017

Il Belice cinquant'anni dopo

Sono trascorsi 50 anni dal terribile sisma che ha sconvolto il Belice. Prima della tremenda scossa, la terra aveva tremato a Nicosia, per fortuna senza fare vittime ma provocando solo lievi danni alle case. Mi trovavo militare a Palermo e per questo motivo il comando mi concesse alcuni giorni di permesso, per andare a trovare gli allarmati e impauriti genitori. Quei pochi giorni li ho trascorsi anche in consiglio, essendo allora consigliere comunale, per discutere un ordine del giorno sui provvedimenti da richiedere allo Stato per la prima emergenza e gli aiuti alle famiglie con le case danneggiate.
È stata una prima esperienza dolorosa e anche confusa, per alcuni aspetti, in quanto ci mancavano gli strumenti della conoscenza e gli aiuti da richiedere per mancanza di una legislazione appropriata. Alla fine qualcosa si approntò e si perfezionò sul piano delle richieste. Ritornato a Palermo dopo qualche giorno venni assegnato al 5° reggimento fanteria di Catania, in virtù della legge che consentiva l'avvicinamento al comune dove si era stati eletti. I giorni trascorrevano lenti e noiosi quando una notte di metà gennaio scattò in caserma l'allarme per la tragedia del Belice. Scesi tutti in cortile, il comandante ci comunicò che ci dovevamo preparare per portare i primi soccorsi alle

popolazioni colpite. Si partì dopo due giorni di preparazione e un lungo e interminabile viaggio per arrivare.

Alle cose che ho visto confesso che non eravamo preparati, la stessa convinzione era anche degli ufficiali. Terminato il servizio militare, alla fine del novembre '68, la segreteria nazionale della Flai, dopo una preliminare discussione durata non poco sul fatto che sarei dovuto andare alla sezione formazione a Roma, mi propose di venire a Lentini per la direzione della Camera del Lavoro dopo i fatti del gennaio '66. Convinto della scelta, era un pomeriggio freddo d'inizio dicembre quando arrivai a Lentini con il treno proveniente da Catania.

Sceso dal treno, con dietro il mio grande valigione che trascinavo a stento, mi misi ad aspettare l'autobus fuori dalla stazione. L'autobus che non sarebbe mai arrivato perchè non c'era il servizio urbano. Un signore si avvicinò e mi disse che sarebbe stato disponibile ad accompagnarmi alla Camera del Lavoro con la "modesta" somma di 500 lire. Arrivato finalmente a destinazione mi venne incontro Graziella [Vistré] che, con fare simpatico – "qui abbiamo il giovane" – mi presentò ad Alfio Pardo e a tanti altri compagni. Finite le presentazioni, Alfio mi propose di fare un giro in piazza.

Una piazza popolata da una distesa di uomini con i volti scavati dalla fatica e bruciati dal sole, disposti in cerchio. I cerchi delle ciurme per prendere gli ordini, ma anche per fare quattro chiacchiere con commenti non sempre benevoli quando si discuteva dei dirigenti dei partiti, in particolare della sinistra o del sindacato. Durante il breve giro, appoggiato alla colonna del comune, ho conosciuto Ciccio Ciciulla e Concetto Liberto, il quale mi comunicò che Guido Grande, segretario del PCI, stava per arrivare e che il sindaco Marilli era in Comune. Dopo averli salutati, io e Alfio rientrammo alla Camera del Lavoro per avere un primo scambio di idee con i compagni del direttivo e con Graziella, che si precipitò a invitarmi a un incontro della sera successiva sul piano regolatore generale, con il sindaco e Marescotti. Quella sera sono stato colpito dalla partecipazione delle donne, dalle cartografie affisse ai muri e dall'esposizione di Marescotti sulle linee del piano e sulla messa in sicurezza dal rischio sismico.

E in quel momento mi sono ritornati alla mente i giorni trascorsi a Nicosia e la tragedia del Belice. E ho appreso anche la solidarietà dimostrata dal Comune con l'aver accolto dei ragazzi provenienti delle zone devastate presso la colonia estiva che ogni anno organizzava a Vaccarizzo. Sono passato da un terremoto a un altro per impegno civile, non per averlo vissuto sulla pelle come durante la notte terribile del 13 dicembre '90, con i figli in braccio, mia moglie accanto e tante persone per strada smarrite e impaurite. Le sirene dei pompieri e le ambulanze si dirigevano verso la vicina Carlentini con i suoi morti. Sono ore tristi e angoscianti anche quelle successive, perchè molte volte gli interventi non sono tempestivi e le risorse insufficienti per avviare una rapida ricostruzione.

Nel Belice, dopo 50 anni, c'è tanto ancora da fare come in molte altre zone, senza andare lontano. Da allora alcuni passi sono stati fatti sul piano della prevenzione, delle tecniche costruttive, delle leggi e della consapevolezza che viviamo in una terra che si muove in continuazione. Ma non basta, perchè tale consapevolezza dovrà essere sempre al centro del nostro agire e del governo del territorio, il quale va tutelato, salvaguardato e messo in sicurezza con cura e controlli attenti e rigorosi.

martedì 16 gennaio 2018

Quando i soldi puzzano di petrolio

I soldi non hanno odore, il petrolio sì. Puzza, si trasforma e inquina, alcune volte anche le coscienze, per l'inodore carta moneta. Anche il cemento talvolta deturpa e s'impasta con il malaffare.

Quando le nubi degli scandali avvolgono i territori e investono le istituzioni per intrecci con gruppi di potere affaristici, significa che la democrazia ha perso la sua forza confliggente e di controllo a causa di partiti volatili e di ceti politici, come emerge dal caso Siracusa, subalterni al volere degli altri, fieri però d'avere mortificato in questi anni l'anima dei territori per puro calcolo elettorale e di potere.

Un potere subalterno ed effimero che però spesso si mostra in tutta la sua arroganza decadente.

La giustizia farà il suo corso, ma i tempi della giustizia sono quelli che sono. La politica cosa farà? Scusate, dimenticavo che c'è una campagna elettorale in corso. Se ne parlerà dopo. Sempre dopo ma mai in tempo. Rivolgo però la stessa domanda a ognuno di noi, cioè a quelle persone che vorrebbero qualcosa di diverso, perché Siracusa e i comuni della provincia meritano ben altro scenario.

martedì 13 febbraio 2018

Ricordando Girolamo Li Causi

La piazza era piena per l'attesa del comizio di Li Causi. Siamo a Nicosia, nella bella piazza Garibaldi circondata dai palazzi del potere: il Municipio, il Tribunale, la Cattedrale, quando dal balcone di fronte al comune prende la parola Li Causi, dopo una breve presentazione del compagno Turiddu Lo Grasso. Inizia parlandoci di Nicosia, dei suoi beni demaniali e della caratteristica dell'agricoltura come conseguenza della presenza delle famiglie nelle campagne. Abitavano lì, scendevano in paese per il mercato settimanale, la fiera degli animali alla Crociata e le feste comandate. Mentre parlava fu costretto a fermarsi perché stava per transitare un rumoroso trattore cingolato, che trainava una trebbiatrice. Era la vigilia della Provvidenza, come si diceva a Nicosia, per la raccolta del grano.

Dopo aver atteso il transito del pesante e rumoroso mezzo riprende a parlare. E inizia proprio dalla mietitrebbia e dell'evoluzione delle macchine:
"Toglie lavoro ma libera dalla fatica".
Prosegue: "Noi non siamo dei luddisti che vogliono distruggere le macchine ma siamo per l'evoluzione della tecnica che libera l'uomo dalla fatica e crei altro lavoro". Per la prima volta ho sentito parlare di luddismo: "Si trattava di

una componente del movimento operaio inglese all'inizio del secolo XIX violentemente contrario all'introduzione delle macchine nell'industria considerate la causa principale della disoccupazione".

Una grande lezione spiegata con parole semplici partendo da un trattore che transitava per caso dalla piazza centrale. Un tema che per altri versi ritorna, di fronte all'incalzare delle nuove tecnologie che crea non poche preoccupazioni sul versante dell'occupazione. Un tema epocale che andrebbe affrontato discutendone seriamente perché riguarda e riguarderà la vita di milioni di persone, la loro esistenza, la loro dignità per iniziare a predisporre tutte le misure necessarie sul piano dei nuovi lavori, della formazione, dei saperi e di una rivisitazione radicale delle misure di sostegno al reddito, senza scandalo, anche quando si parla del reddito di cittadinanza.

Un tema che la sinistra ha affrontato negli anni '80 nel contesto di una diversa visione dello stato sociale. Un tema che ritorna e che in alcuni paesi europei stanno ridiscutendo per verificare l'efficacia degli strumenti in essere, vedi Germania e Francia, mentre in altri, come gli Stati Uniti, stanno studiando con delle ricerche serie la ricaduta delle nuove tecnologie sull'occupazione e sui consumi in generale. Quando si immagina che il 47% della forza sarà espulso dal lavoro nei prossimi dieci anni, non si può stare sereni sulle condizioni generali di una nazione. Anche negli Stati Uniti, e non da oggi, si parla del reddito di cittadinanza.

Uno dei ricordi della giovinezza che, come dice il protagonista del film di David Lynch "Una storia vera", sono la cosa più terribile della vecchiaia.

lunedì 2 aprile 2018

Questi immigrati lentinesi a Carlentini

Si avvicinano le elezioni comunali di Carlentini e la politica torna in fermento. L'ultima "polemica" è quella sui lentinesi abitanti a Santuzzi, quartiere/comunità di Carlentini... Contro il disagio causato dagli immigrati una soluzione potrebbe essere quello dello scambismo (di sindaci)?

Non comprendo la polemica sui lentinesi che vorrebbero partecipare alle amministrative di giugno per la conquista di Palazzo di piazza Diaz. Il rischio che possa accadere non esiste per vari motivi storici, ambientali e politici. Espugnare la fortezza di Carlo V, se la possibilità non viene da dentro le mura, sarebbe un'operazione impossibile anche per la scarsa voglia dei lentinesi-santuzziani che pensano ad altro. Quindi nessun pericolo ma tanta comprensione. #statesereni.

Se poi la polemica dovesse alzarsi di tono tanto da far perdere la serenità, non resterebbe che la via della pace armoniosa, dell'equilibrio e dello scambio. Sarebbe l'incontro della saggezza e della mediazione nell'interesse delle due comunità, con lo scambio dei ruoli del duo B&B. Il sindaco Basso, che è stato un sindaco ecceziunale veramente, anche se ultimamente a causa di una nebbia fastidiosa e persistente non è riuscito a vedere Sala d'Ercole né Palazzo Montecitorio,

potrebbe scendere a Lentini a fare il primo cittadino, mentre il giovane sindaco Bosco potrebbe salire a Carlentini.
Sarebbe uno scambio alla pari per affinità politiche, stesse residenze e senso del reale. Lo scenario si aprirebbe con gli orchestrali pronti a intonare l'Inno alla Gioia e il cantore a recitare in un silenzio surreale. Mancava il pubblico.

martedì 10 aprile 2018

Primo Maggio, tanti gioiosi alcuni tristi

Graziella Vistré, Pio La Torre... "Con Portella della Ginestra inizia il primo grande mistero dell'Italia repubblicana."

Mi è stato chiesto quali siano alcuni dei ricordi più significativi del Primo Maggio. I ricordi sono tanti per il mio lungo impegno sindacale, quasi tutti gioiosi in mezzo ai cortei, allo sventolio del tricolore e delle bandiere rosse dei partiti della sinistra, oggi spariti, le bande musicali al suono dell'Inno dei lavoratori e i comizi finali per gli impegni presenti e futuri.
Ricordo, dopo tante incomprensioni e lacerazioni, il Primo Maggio 1969 a Lentini e la ritrovata unità con la Cisl e l'Uil, per l'impegno quotidiano profuso sui contratti, la gestione del collocamento e le lotte per le riforme fortemente sentite per la scuola, la sanità, le pensioni e per il diritto alla casa.
La preparazione era stata molto partecipata e meticolosa in ogni suo aspetto organizzativo, sin dall'inizio della mattinata per il giro della banda musicale, fino alla sera per lo spettacolo e il comizio finale. Il giro della banda iniziava alle sette in punto, dopo gli spari in onore della festa dei Tre Santi Martiri, al suono dell'Inno dei lavoratori e di qualche nota, in alcune zone del paese, dell'Internazionale o di Bandiera Rossa. La sera, a Villa Gorgia, c'era grande

partecipazione popolare con musiche e canzoni e comizio finale.

Quella sera aprì il comizio Graziella Vistrè, con la sua voce roca e grande *verve*, per poi passare la parola a Cirino Garrasi della Cisl e alle mie brevi conclusioni. "Grazie per essere intervenuti in tanti insieme alle vostre famiglie, ora godetevi lo spettacolo in serenità e in allegria". Una giornata indimenticabile come quella di Enna, il Primo Maggio al cinema. Il film scelto era "Queimada" di Gillo Pontecorvo con Marlon Brando. Una critica a ogni forma di colonialismo e alle diseguaglianze razziali. Un successo di pubblico e d'apprezzamenti.

Così per alcuni anni, da segretario della Cgil, dopo l'esperienza positiva di Lentini con accanto Graziella, il bracciante dalle buone letture Alfio Pardo e tanti altri. Su Graziella vorrei dire che era una compagna generosa e riservata, nel suo cuore c'era Bagheria. Baarìa che ritorna in un breve colloquio in dialetto stretto con Pio La Torre prima dell'inizio della riunione su l'azienda Cassis, dopo l'occupazione che portò all'assunzione di oltre 70 braccianti e all'elezione del primo delegato sindacale Giuseppe Caleffi di Buccheri. Una iniziativa ripresa da molti quotidiani, per primi l'Unità e l'allarmatissimo giornale della Confagricoltura. Graziella non solo fumava le Alfa, ma nel suo modo di agire aiutava chiunque fosse alle prese con i bisogni quotidiani della vita e, nello stesso tempo, dedicava una parte del suo tempo alla crescita delle coscienze delle operaie dei magazzini. Sarebbe interessante rivedere la storia del movimento operaio e bracciantile lentinese al femminile, alla luce del ruolo svolto dalle donne, al fine di dar loro un volto e il giusto riconoscimento.

Fin qui ho parlato di alcune giornate gioiose ma non del triste e drammatico 1 maggio 1982. Alla vigilia venivano uccisi in un agguato mafioso Pio La Torre e Rosario Di Salvo. Un giorno triste, silenzioso e pieno di tanta rabbia. In via Turba a Palermo, alla vigilia della festa, hanno sparato e ucciso; a Portella della Ginestra, lo stesso giorno del 1 maggio, nel 1947, hanno fatto una strage.

Era una mattinata di primavera, il sole illuminava il verde del pianoro e i volti sereni dei partecipanti quando in lontananza si sentirono i primi spari della banda criminale di Salvatore Giuliano. È stata una strage, con 12 morti e oltre 30 feriti. Tra le vittime una ragazza di 12 anni e altri due giovani. Dopo anni d'inchieste e processi si conobbero gli esecutori ma non i mandanti. Per l'allora ministro degli Interni Mario Scelba "si trattò di un fatto circoscritto, smentito negli anni successivi per i tanti sindacalisti e capi lega uccisi, senza alcuna finalità politica e terroristica"; ma non secondo i comunisti, i socialisti e la Cgil che denunciarono i rapporti tra esponenti delle istituzioni, gli agrari e la mafia. Con Portella della Ginestra siamo davanti al primo mistero dell'Italia repubblicana.

martedì 1 maggio 2018

Una rete ospedaliera "ospedalecentrica"

La nuova rete ospedaliera di Razza-Musumeci, bellissima come mai, nell'impostazione segue con qualche variante nei numeri dei primariati e dei posti letto quella del precedente governo, come anche nelle attenzioni verso le sfere d'influenza politico-clientelari. Che è uno dei nodi cronici del sistema sanitario "ovunque", insieme alle lunghe liste d'attesa e la corruzione.

Un sistema che, pur essendo prevalentemente pubblico, è già da tempo un "misto" con un ruolo del privato sempre più espansivo nell'erogazione dei servizi sanitari e delle cure.

Nell'ultimo rapporto Censis è venuto fuori che gli italiani per curarsi hanno pagato di tasca propria 39,7 miliardi di euro. Un fenomeno in costante crescita pure in direzione dei fondi sanitari integrativi, con circa 7 milioni di assistiti e una raccolta premi di 550 milioni di euro. Secondo il rapporto il costo maggiore ricade soprattutto sui più deboli: il 58% delle cure acquistate privatamente riguarda i cronici, il 15% le persone con patologie acute e oltre il 12% i non autosufficienti.

È stato valutato che il costo pro-capite sostenuto dagli anziani si aggira sui 1356 euro annui. Una situazione drammatica, tenendo presenti anche tutte quelle persone che rinunciano alle cure.

Un sistema, diciamo come stanno realmente le cose, che non garantisce più l'universalità date le crescenti diseguaglianze e i non pochi squilibri territoriali. Quando si preparano i piani, anche ciò che si muove nel privato e nel mondo assicurativo andrebbe tenuto presente, per tenere i vari fili insieme e per evitare la marginalità della presenza pubblica.

Il limite della nuova rete ospedaliera è nella stessa impostazione metodologica "ospedalecentrica", in quanto non affronta il rapporto con il territorio e la presenza del privato nelle realtà al fine d'avere un quadro d'insieme completo.

Un quadro utile e necessario per capire meglio i servizi che si offrono nei vari territori in rapporto ai bisogni della popolazione, alle criticità da superare e alla quantificazione dei costi dei servizi erogati. Un punto, quest'ultimo, essenziale al fine di un migliore uso delle risorse finanziarie per evitare altri tagli che poi ricadono sempre sulla qualità dei servizi e sui ceti meno abbienti.

Sull'ospedale di Lentini nulla di nuovo: come la volta precedente ci hanno lasciati in mezzo al guado, pur essendoci tutti i presupposti per un possibile salto da ospedale di base a quello di 1° livello. Gira voce che bisogna accontentarsi. Non sarà mai perchè attendiamo ancora delle risposte sul completamento degli organici e una migliore organizzazione e funzionalità del distretto. Riprendere l'idea, che si era affacciata la volta precedente, dell'integrazione degli ospedali di Augusta e di Lentini non sarebbe sbagliato anche per superare il decreto Balduzzi sulla popolazione e avviare un cammino diverso.

Restando le due strutture in mezzo al guado, il rischio d'essere trascinati dalle correnti bisogna tenerlo sempre presente. Dalle nostre parti l'abbiamo capito, spetterebbe anche ad altri capirlo.

giovedì 12 luglio 2018

L'imperatore oscurato

Carlo V, l'imperatore sul cui impero non tramontava mai il sole, è stato oscurato nei nuovi riquadri, non più dorati, posti alle porte della città in sostituzione di quelli che portavano la dicitura "Carlentini, città di Carlo V".
Un'idea molto creativa, concepita e portata avanti durante il dominio consolare da Pippo I e Nuccio II per un breve periodo. Rapporto finito, come molti sanno, con la sconfitta di Nuccio II, ma dopo anni di silenzi i due si sono ritrovati nel sostenere l'attuale inquilino del Palazzo di Città.
Con i nuovi riquadri possiamo leggere anche a distanza: "Città di Carlentini". Esteticamente sono semplici, lineari e ben visibili. Non vi nascondo, come dicevo in una mia lontana nota, che mi sento sollevato rispetto al passato per non essere più inseguito, non solo nella giovinezza ma anche nella vecchiaia, dal figlio di Giovanna di Castiglia, "la loca", e di Filippo d'Austria.
Nella giovinezza a Nicosia e Messina, ma non avrei mai pensato anche a Carlentini nella vecchiaia. Una cittadina nemmeno sfiorata da Carlo V nel suo viaggio in Sicilia del 1535. Un viaggio, secondo quello che hanno scritto gli storici, trionfale ma anche d'aspettative deluse, però colmo di ricchi omaggi e di donativi. Nei fatti, ha spogliato una parte di

ricchezza dell'isola e anche qualche nobildonna per sollevarlo dalle fatiche quotidiane.

Ora, dopo la sostituzione, non vedo più quel riquadro quando percorro la salita per andare a casa e mi sento non solo più sollevato, ma con più lena, non essendo più inseguito dall'imperatore oscurato.

giovedì 23 agosto 2018

Gli anni delle intimidazioni a Lentini

A causa di un fastidioso malessere di stagione non ho potuto partecipare alla presentazione del libro di Paolo Borrometi[3] che ho trovato interessante, anche se a Lentini e dintorni avrebbe potuto dedicare qualche pagina in più, dopo aver consultato i rapporti della Commissione antimafia e le iniziative parlamentari, non poche, partite dal conflitto a fuoco lungo la strada Lentini-Catania con tre agenti del commissariato di Lentini feriti, i morti ammazzati dentro i bar e lungo le vie principali.

Un periodo non facile anche per la politica: non per i conniventi, ma per quelli che facevano il loro dovere a fronte di minacce visibili, come la macchina del consigliere Santi Ragazzi andata a fuoco a due passi dell'aula di via Galliano o i colpi di fucile, per fortuna non andati a segno, nei confronti dell'ingegnere capo del comune Davolos.

Sono stati anni difficili e drammatici, con un comune che stava per essere sciolto per infiltrazioni mafiose ma che non ha potuto evitare l'autoscioglimento del Consiglio per le forti pressioni esercitate dall'allora prefetto di Siracusa Romano. Un prefetto che ha dato molto durante le vicende del terremoto e la costruzione di una rete di associazioni contro l'usura e il racket.

---

3 https://www.girodivite.it/Lentini-Sr-Un-morto-ogni-tanto-di.html

Avrei voluto essere presente per ascoltarlo, anche per avvicinarlo e dirgli che la città di Lentini deve molto a suo papà, per aver firmato il decreto d'assessore regionale alla sanità per l'avvio della realizzazione del nuovo ospedale. Mentre il figlio ha presentato il libro nella chiesa Madre di Lentini, il padre nei locali di piazza Aldo Moro ci comunicava che avrebbe firmato il decreto in un periodo in cui alla Regione Sicilia, a causa di tangentopoli, non si muoveva una foglia.
Ci disse: "Comprendete il clima, però firmerò perché ritengo d'aver la coscienza serena". Così partì l'iter per la realizzazione. Un grazie al padre e all'impegno del figlio per una Sicilia libera.

domenica 23 dicembre 2018

Zone interne

In questo ultimo periodo sto leggendo molto sull'abbandono delle zone interne della Sicilia senza nessuna risposta dai governi di Palermo e Roma. Soprattutto, ciò che sconcerta è la passività delle amministrazioni locali che non riescono a mettersi insieme per una presa di coscienza collettiva sulla gravità della situazione e l'elaborazione di una piattaforma programmatica su pochi punti capaci di risvegliare la partecipazione delle popolazioni, per farsi sentire oltre i confini dei propri comuni.
Per dire "ci siamo, esistiamo e vogliamo restare perché amiamo i nostri luoghi" e anche perché ci sono delle potenzialità inespresse in vari campi, come un nuovo e fecondo rapporto tra ambiente e agricoltura, beni culturali e turismo, artigianato e trasformazione di quello che genera un maggiore valore aggiunto.
Ma per spingere in questa direzione occorrono delle professionalità tecniche e finanziarie in grado d'informare e aiutare chi vuole scommettere su progetti volti a dare una svolta alla propria vita e a creare possibilità di lavoro per altri.
La comunità si muove ma non può arretrare di fronte alla mancanza di strade o di acqua, di ospedali non rispondenti ai minimi vitali di garanzie o di scuole sicure, di presidi di

sicurezza o di amministrazioni della giustizia per la presenza del fenomeno mafioso e criminale.

Spingere per andare avanti e per richiamare l'attenzione dei governi è più che giusto, anche se a volte gli assunti si capovolgono come nel caso della mia città natale, Nicosia. La mia città aveva tutte le precondizioni allo sviluppo e alcune idee per andare avanti, come la strada Nord-Sud con l'incrocio con la SS 120, cioè la strada dei Parchi che attraversa il Parco delle Madonie, dei Nebrodi, dell'Etna e dei Peloritani. Una dorsale che passa da Santo Stefano, Nicosia, Piazza Armerina, Gela e che incrocia l'antica strada percorsa da Carlo V nel suo viaggio in Sicilia.

Cosa è avvenuto in questi anni oltre all'abbandono di queste strade?

Semplicemente che la Nord-Sud da Nicosia non proseguirà verso Leonforte e Piazza Armerina e che la SS 120 è impercorribile. Oltre alla mia città, nemmeno i due Borghi più belli d'Italia, Gangi e Petralia, sono raggiungibili. Per arrivarci serve tanta pazienza e coraggio, perché non è dato sapere cosa si può trovare lungo la via. Per esperienza. Non si tratta solo delle strade, perché hanno cancellato anche il Tribunale, il Carcere e altri servizi di zona. Hanno depotenziato anche l'ospedale, perché non sanno quanta importanza abbia, in una zona irraggiungibile, un presidio per la vita delle persone. La verità è che queste zone vanno lasciate al loro destino, con la fuga dei giovani e la popolazione che si trascina lentamente lungo il calvario della vecchiaia.

A questo punto mi domando: come si rinnova la politica, si vivifica la democrazia e un presente in declino senza la passione, l'impegno e l'utopia dei giovani?

Questo non è solo il dramma delle zone interne della Sicilia ma dell'intero Mezzogiorno. Un Mezzogiorno oscurato, anche per la nostra incapacità di reazione.

mercoledì 6 marzo 2019

Nord-Sud: la strada dei desideri

STRADA NORD-SUD. Ringrazio Giovanni Chirdo, figlio di un ex sindaco comunista di Assoro, minatore, per avermi inviato il comunicato dell'On. Fabrizio Trentacoste in visita ai cantieri della Nord-Sud, direzione Mistretta.
"Nel lotto B2 si sta lavorando alacremente, mentre gli altri cantieri ripartiranno a breve. L'Anas ha garantito che il completamento della Nicosia-Mistretta avverrà nei prossimi tre anni. Ma la vera priorità per la quale mi sto impegnando è la realizzazione dei lotti C, compresi tra Nicosia, Leonforte e Mulinello, giunti alla progettazione. Solo una volta completati questa intera opera avrà senso".
Concordo e apprezzo per l'interessamento. Però dovrà fare chiarezza con l'Anas, in quanto non parla più della realizzazione del tratto Nicosia-Mulinello a causa degli alti costi di realizzazione, ma dell'ammodernamento dell'attuale sede stradale. E qui ritorniamo ad una vecchia idea dell'Anas, poi abbandonata a causa di alcune criticità, due delle quali tecnicamente superabili: il ponte sul Salso e la galleria paramassi Rocca Granata. Mentre per scavalcare Leonforte occorreva costruire un nuovo percorso, partendo dagli attuali archi della vecchia ferrovia, che ancora si possono ammirare prima di arrivare a Leonforte, per proseguire lungo il tracciato ferroviario, fino a Pirato.

Per dire il vero non saprei se il consiglio comunale di Leonforte abbia approvato o meno il tracciato proposto dall'Anas. Proprio oggi, 1 agosto 2019, ho appreso da parte di un mio vecchio amico che il consiglio comunale a cavallo degli anni 2009-10 ha approvato la proposta avanzata dall'Anas.

L'opera avrà senso, come sostiene il deputato Trentacoste, se completata interamente. Anche l'ammodernamento, vorrei dire ai dirigenti dell'Anas, non avrebbe senso senza la realizzazione del superamento del nodo Leonforte, proposto dalla stessa Anas. Sistemarla sarebbe quanto mai opportuno per renderla più sicura e percorribile.

Finisco nella speranza che l'Anas esca dall'ambiguità e dica quello che realmente vuole fare. Anche il governo della Regione si dia una mossa, in quanto le popolazioni delle zone interne hanno diritto a viaggiare in sicurezza ed essere raggiunte da quanti vogliono ammirare le bellezze di questi luoghi. Che per me sono dell'anima e di una parte del mio impegno politico.

mercoledì 31 luglio 2019

Seby Mangiameli a Carlentini

Continua il Viaggio del cantautore Seby Mangiameli. Non poteva mancare l'appuntamento nella sua Carlentini dopo alcune tappe in Umbria e, nei prossimi giorni, in Toscana. Le parole delle sue canzoni piene d'amore per quello che ci circonda e, in alcuni brani, piene d'ironia per la nostra sfrenata corsa per primeggiare, ci portano dentro un mondo in cui siamo immersi.

Non solo parole, anche musica con gli arrangiamenti del bravo maestro Salvo Amore. Una collaborazione proficua per un Viaggio lungo lo stivale, superando quello Stretto che soffoca e imprigiona non poche volte idee, talenti, impegno. La serata è trascorsa piacevolmente, accompagnati dal "Volo della Farfalla" e dagli "Occhi di un Bambino" dietro i vetri di un treno in movimento. Due delle belle canzoni che fanno parte del CD che vale la pena comprare e ascoltare nei momenti liberi della giornata.

Per prepararsi a "La corsa" e farsi cullare dopo, stanchi, sfiniti e delusi, con "Amami". Oltre al maestro Salvo Amore alle chitarre, sul palco anche Rachele Amore, voce e chitarra, Gianpaolo Castro al basso, Alessandro Borgia alla batteria e una citazione d'obbligo per la brava Giusi Sipala al violino, che ha saputo ben interpretare e immergersi nel mondo musicale di Seby Mangiameli, voce roca e commossa della serata.

lunedì 2 settembre 2019

La libertà grida, canta, danza e sorride nelle canzoni del cantautore Seby Mangiameli

Spinto dal vento della passione il cantautore Seby Mangiameli ha nuovamente attraversato lo Stretto per comunicare le emozioni delle sue canzoni e per farsi conoscere in luoghi diversi della sua Carlentini. Una cittadina che si affaccia su una valle immersa nel verde degli alberi di agrumi, deturpata da una mega discarica, di fronte all'Etna e ai suoi improvvisi risvegli, la pista di Sigonella con i droni puntati verso l'area più controversa del pianeta e, in lontananza, il mare con il suo carico di disperati. Luoghi che ispirano e che ritroviamo in molte delle sue belle canzoni, con musiche che ti prendono e ti trascinano "lungo la strada dove passava il tempo a parlare, ridere e sognare".

Dei versi in "C'è pace" e in "se scrivessi una canzone d'amore senza guerra e dolore, menzogna e rancore, che graffia il tuo cuore e che t'invita a danzare sotto lo sguardo di un bambino dietro il finestrino". Quel bambino che è in ognuno di noi e che ritorna sempre nel corso della vita, per ricordarci che siamo quelli che siamo, con tutto il nostro passato di gioie e dolori. Anche nella canzone "Con gli occhi di un bambino" c'è sempre lo sguardo del bambino per vedere le farfalle posare sui fiori e credere di poter volare. Versi che ti avvolgono e che ti fanno intravedere il volto segnato dell'autore vicino alle sofferenze degli altri, che vorrebbe far volare, e volare insieme a loro, per aiutarli a liberarsi dalle paure e dalle angosce quotidiane.

In "Sicilia omnia est" troviamo le sofferenze e la speranza, con gli occhi rivolti verso la Terra Santa. Una terra, l'Africa, in pace "senza Re e padroni", dove nessuno dovrebbe scappare. Una terra da rispettare e da amare come nelle parole de "Un Angelo all'inferno", dedicata a Gino Strada che, per il suo impegno in quelle zone, ha sentito non poche volte "il grido di una madre, il pianto di un bambino tra la polvere e il terrore". Una mamma come quelle di Plaza de Mayo, disperate per la scomparsa dei figli. Nella vita c'è chi tenta di scappare dal terrore tenendo in braccio il figlio, c'è chi cerca un figlio da abbracciare, chi spinge i figli ad andare via. Infine, c'è chi corre per arrivare in fondo a un percorso senza traguardo. Una corsa che non finisce mai, con la gente triste e sola, senza un sorriso. Penso a quel bambino che "grida felice ricorrendo una farfalla in volo che sfiora i fiori e che poi ritorna a volare".

Auguro a Seby di volare lungo la scia della migliore tradizione dei cantautori italiani che hanno dimostrato di sapere scrivere e interpretare le canzoni, suscitando

attenzione, ascolto e commozione. Ascoltarlo è sempre un piacere, accompagnato in questo viaggio dal maestro Salvo Amore che ha saputo rivestire le parole con suoni armoniosi e lontani.
Appuntamento a Roma al Teatro Arciliuto, lunedì 21 settembre, ore 21.

giovedì 19 settembre 2019

I 25 anni della Compagnia d'Encelado Superbo

Sono passati 25 anni dal giorno in cui li ho ascoltati per la prima volta in una serata di maggio dal profumo di zagara, al Cinema Odeon di Lentini con "L'assedio alla città": uno spettacolo di poesie, teatro e musiche di straordinaria intensità.

Era la Compagnia d'Encelado Superbo, con le sue storie in dialetto e le sue musiche. La voce recitante di Peppe e la chitarra di Salvo. Il prossimo venerdì (4 ottobre 2019) li ascolterò nuovamente a Palazzo Beneventano, a Lentini, per i loro 25 anni di cammino. Un lungo percorso di studio, di ricerca e di elaborazione dei testi e delle musiche.

Un cammino anche lontano da questa isola con i suoi colori sempre accesi, il profumo dei fiori d'arancio, il brontolìo dell'Etnea e, spesso, gli odori acri che non lasciano respirare. Nel viaggio nel mondo dei Pink Floyd, che sarà la prima parte dello spettacolo "la faccia niura della luna", troviamo la prima canzone dei Pink tradotta in dialetto "Breathe" (Respira): "respira, respira nell'aria, non aver paura d'insistere, parti, ma non lasciarmi", "vola, vola 'nto celu, nun ti scantari, vai, si nun mi lassi".

In "Time" (Tempo): "allora corri per raggiungere il sole che sta tramontando", "e allura curri, curri, acchiappa lu suli c'affunna".

La ricerca dei brani e le scelte conseguenti si ispirano e sono in sintonia con la sensibilità artistica degli autori, per l'interessante e impegnato lavoro di traduzione in dialetto dei testi e per le musiche dai diversi linguaggi e sonorità.

In "non aver paura di morire che potrà esser in ogni momento" "The Great Gig in the Sky", "E nun haiu paura di moriri, quannu sarà, nun m'interessa" si tocca il tema del fine vita: "non c'è 'n mutivu, bisogna morire prima o poi".

E non potevano non venire fuori i "Money" (Soldi): "sunu tutti i mali d'oggi e d'o munnu", "tròvati 'n postu di travagghiu, na paga e si appostu".

In "Brain Damage" (Fora di testa): "u pazzu si curca supra l'erba", " i pazzi in fila, in fila pi la strada", uno dei testi che ti scuotono. "e se il gruppo di cui fai parte comincia a suonare accordi diversi, ti vedrò sul lato oscuro della luna", "e su la banda cumincia a sunari n'autra musica, allura tutti ni la faccia niura di la luna"

In "Eclipse" (Eclisse): "non c'è un lato oscuro nella luna, in realtà. Di fatto è tutto oscuro", " in verità nun c'è la facci niura di la luna. In verità, tuttu è scuru". "Il tempo è andato, la canzone è finita".

È finita la prima parte per andare verso la seconda che ripercorre gli anni passati, con le tante emozioni che ci hanno donato, per i tanti racconti che partono tutti dalla nostra terra e dal nostro sentire quotidiano: "terra di vento, terra di storia con le radici al centro del mare, terra di luce e di antica memoria per strade e cortili ai canti di sera". O l'incalzante "storia d'incantesimi, luci, suli e fantasia, terra ciàuru di zagara, ceusa, mennula e gilsumini" in "Storia di cunti e canti".

Non manca (e non potrebbe) la grande devozione per i Tre Santi in "chiamamulu Sant'Alfiu" e il pensiero ricorrente verso il Sud: "semu genti d'o Sud". Poi il riapparire e il sentire del cantastorie: "è chista 'na storia di 'na terra di luci, di schigghi e puisia, di stiddi e catini, terra di vita e di morti, di meli si duci matri di figghi pirduti, di festi e distini".

Ai maestri Peppe Cardello e Salvo Amore che sono stati e sono ancora, spero per tanto altro tempo, l'anima della Compagnia, un grazie e un riconoscimento per il lungo sodalizio. Un rapporto di grande amicizia costruito nel tempo tra parole recitate e musiche avvolgenti, con gli occhi rivolti sempre verso il chiarore della vita, la solidarietà e l'impegno civile.

Venerdì sera, 4 ottobre, a Palazzo Beneventano, incontriamoci per trascorrere insieme una serata che sarà certamente piacevole per i tanti altri musicisti presenti, per ricordare da dove sono partiti e dove sono arrivati.

Altri anni ancora d'Encelado.

mercoledì 2 ottobre 2019

"Il tempo è andato la canzone è finita…"

..che continuerà nel tempo per essere ascoltata, anche in serate fredde come quella trascorsa a Lentini, a Palazzo Beneventano. Siamo venuti in tanti per ascoltarvi, per condividere le vostre creazioni musicali e sostenervi nel vostro lungo viaggio. Oltre al luogo, con i suoi colori, le sue arcate e le sue luci, quella sera si respirava qualcosa di diverso rispetto ai soliti incontri musicali. Ho avvertito un sentire comune di una comunità che ritrova un suo "stare insieme": una condivisione perduta. La città come dovrebbe essere anche nel suo vivere quotidiano.
Da subito si è percepito che qualcosa stava per accadere quando Maria Grazia è salita sul palco per presentare lo spettacolo. Con piglio ironico mette le mani avanti per l'abito rosso fuoco che indossa, per evitare qualche malevolo commento, per poi proseguire, collegandosi al lungo cammino della Compagnia d'Encelado Superbo e chiudere con un'espressione di amore nei confronti del marito: "è stato Peppe ad insistere affinché aprissi la serata". Ogni tanto si vede che i mariti hanno ragione, per fortuna non sempre. Fidarsi però delle mogli che vedono lungo, allunga la vita.
Personalmente, la ringrazio per avermi citato per l'articolo che avevo scritto in preparazione dello spettacolo[4]. Finita la

---
4 https://www.girodivite.it/Altri-anni-ancora-alla-Compagnia-d.html

presentazione, comincia il momento della musica e del canto che ci riporta tra le musiche dei Pink Floyd, elaborate con arrangiamenti originali e corali per le voci di Rachele Amore, che ogni giorno che passa stupisce sempre più, e di Giancarlo Micchichè, che ha saputo ben figurare. Nel mezzo del canto, senza alcuna invasività, viene fuori la voce del cantastorie per richiamarci ad alcuni passi dei testi tradotti in dialetto. Un lavoro non facile per la sua complessità nell'interfacciare i testi e creare con le note la giusta armonia con le musiche dei Pink Floyd.

Un lavoro riuscito per la sapiente maestria di Salvo e Peppe, accompagnati da un gruppo di bravi musicisti che hanno contribuito anch'essi alla riuscita dell'operazione. Con "Brain Damage" (Fora di testa) si chiude la prima parte: "e se il gruppo di cui fai parte comincia a suonare accordi diversi, ti vedrò sul lato oscuro della luna", "tutto è oscuro". In queste parole un lato dell'animo dei Pink viene fuori per il loro modo d'essere e di vivere la realtà. Quella realtà che viviamo con tutte le oscurità anche dalle nostre parti che ci conduce alla seconda parte dello spettacolo, con l'arricchimento della presenza di Carlo Cattano e Pietro Vasile: "siamo Genti d'o Sud" che sappiano raccontare dei nostri mali con dignità e senza vergognarci.

Faceva freddo, qualcosa però è rimasta dentro ognuno di noi.

martedì 8 ottobre 2019

Quando c'erano i pionieri

"I Pionieri" è il primo romanzo di Luca Scivoletto che ho letto con piacere per l'incalzare degli avvenimenti e la descrizione dei vari personaggi del racconto. Soprattutto, il racconto mi ha coinvolto per avermi fatto rivivere una parte della mia vita dentro quel partito che non c'è più. Quel partito era il PCI.
Luca racconta una parte di quella vita che ha vissuto come tanti altri figli di compagni/e impegnati a vari livelli nel partito. Le sezioni, le riunioni con discussioni infinite delle quali si conosceva l'inizio e non la fine, il piano delle iniziative e la conseguente verifica. Senza parlare degli abiti affumicati dalle sigarette e del dopo riunioni, delle lunghe attese e delle pizze non più mangiabili che Luca descrive in modo ironico.
Ci ritrovavamo immersi dentro una storia che talvolta ci portava lontano dagli affetti più cari e dalle piccole cose della vita. Che poi, sono quelle cose che insieme all'impegno e agli ideali ti danno la dimensione del tuo vissuto.
Un vissuto che scorre lungo un itinerario insieme ad altri non sempre lineare, fatto di contraddizioni, di amarezze, ma anche di sorrisi. Questi comunisti seriosi sapevano anche sorridere ed essere scanzonati. Il romanzo attraversa gli anni '80. Gli anni dell'inizio del declino del PCI, la caduta del

Muro, la fine di quel partito che non c'è più. Un romanzo da leggere.
A Luca Scivoletto un grazie e la speranza di poter leggere altri racconti ancora.

I Pionieri / Luca Scivoletto. - Fandango, 2019. - ISBN 88-6044-637-6.

giovedì 28 novembre 2019

Se le piazze si muovono e la sinistra resta nel guado

Cercando di capire quello che sta avvenendo, sono andato indietro nel tempo, ricordando le parole di un vecchio e saggio professore di diritto costituzionale di fronte alla platea di un gruppo di giovani partecipanti ai movimenti di lotta dell'inizio degli anni '60. La generazione con le magliette a strisce dai tanti colori, i jeans, le scarpe da tennis e qualche lira in tasca da infilare in quei grandi scatoloni pieni di dischi, per ascoltare qualche brano di buona musica americana.

Il ritmo travolgente di alcuni brani ci faceva muovere, ma non capivamo nulla delle parole. Un giorno, per tradurre "tutti frutti" uno della compagnia era arrivato con un mini vocabolario sottratto dalla borsa di sua sorella, che non mancava occasione per sfotterci per la nostra ignoranza: "vi muovete anche per delle canzoni dalle parole stupide". Era vero, ma la musica è la musica, cara rompi, dicemmo a gran voce. Però, era una bella e brava ragazza, più grande di noi. E studiosa. Il suo era un modo per spronarci.

Non era l'unica a spingerci, ma anche altri amici, come il fine giustista Annibale e Prospero, il filologo, tanto pesante da parlarci ogni sera del numero degli avvertimenti cinesi nei confronti dell'Unione Sovietica.

Annibale era uno tosto, lo ascoltava per poi infilzarlo. Luigi pensava a cosa sarebbe stato questo nostro Paese senza i fatti di luglio '60 per la democrazia. Che poi lo spinsero verso l'adesione al pci. Non è stato né per Lenin né per Marx, ma perché capì il valore di quei movimenti che si collegarono alla libertà contro i nazifascisti.

E qui vengo alla lezione di quel vecchio e saggio professore, quando ci spiegò che la democrazia non è un dato acquisito, perché sussistono sempre spinte e controspinte; che in politica non ci sono vuoti, perché vengono puntualmente riempiti da forze non apparenti. Ci spiegò che le ambiguità, in politica, si pagano sempre, perché le oscillazioni e le incertezze non solo bloccano le azioni, ma provocano anche degli smarrimenti.

Noi di sinistra ne sappiamo qualcosa, anche di stare in mezzo al guado.

Oggi come oggi, la sinistra nelle sue diverse articolazione, dov'è? Non si vede quanto dovrebbe, perché non sceglie, sapendo anche che non tutto può essere portato sempre a sintesi.

Diverse volte ho scritto che la sinistra potrà trovare una sua anima e avere un futuro se sceglie di stare con le nuove generazioni, la formazione e i saperi. Sono sempre più convinto, dato che l'intelligenza artificiale è entrata nella nostra vita quotidiana e presto altre tecniche arriveranno a cambiare il nostro mondo e i nostri gesti. Si tratta ora di capire, come scrive Francesca Rossi nel suo interessante libro "Il confine del futuro"[5] quali sono i suoi vantaggi e i suoi limiti, descrivendo le legittime preoccupazioni che bisognerà risolvere per poterci fidare di questa tecnologia che inciderà sulla vite delle persone.

14 dicembre 2019

---

5 https://www.feltrinellieditore.it/opera/opera/il-confine-del-futuro/

Sardine e Parrucconi

Buona domenica. Tutti i parrucconi di destra, sinistra e terzisti di qualsiasi specie, non fanno altro che criticare le sardine perché non hanno dei contenuti. Richiamarsi alla Costituzione non ha nessun valore, mandare un messaggio di serenità è sintomo di debolezza, perché ci vogliono uomini forti come quello del profumo, stare insieme, cantare Bella ciao, sorridere e guardarsi negli occhi disturba.
Questa è la dimostrazione, come più volte ho scritto, che non è un paese di morti senz'anima. I morti sono altrove, in egual misura e ovunque si trovino.
Ci sono voluti dei giovani per svegliare e affermare il valore dello stare insieme e della libertà.

Ai parrucconi voglio ricordare di rileggere quello che hanno scritto nel recente passato, osannando le magnifiche sorti del liberismo sfrenato. Le loro giravolte sono sconcertanti, ma li troviamo sempre nei vari gangli del potere, a prescindere dalla colorazione dei governi. Quando si scontrano tra loro non bisogna cadere nella trappola di ciò che dicono, perché le loro parole sono piene di finzione. Per loro la vita non cambia mai. Invece cambia per coloro che la mattina si alzano in piedi per mandare avanti questo paese, nelle continue incertezze del mondo del lavoro.

Infine, non bisogna dimenticare che, tra le tante prerogative, i Parrucconi hanno figli geniali, da collocare ovunque. Nulla contro costoro, ma inviterei a guardare maggiormente ad altri, tanti figli, che si allontanano dalle loro famiglie per cercare lavoro alrrove.

domenica 15 dicembre 2019

Un mondo da scoprire

Il confine del futuro. Possiamo fidarci dell'intelligenza artificiale? / Francesca Rossi. - Milano : Feltrinelli, 2019. - 128 p. : br. - (Varia). - ISBN 9788807492563.

Il racconto di Francesca Rossi sull'intelligenza artificiale è affascinante. Scritto bene e comprensibile nonostante la complessità degli argomenti. Sono dovute e necessarie le pausa di riflessione del lettore per capire meglio le contaminazioni con altre discipline. Il solo metodo valido per andare avanti, come riconosce la stessa autrice, dopo anni di ricerche in singoli ambiti, senza confronti e verifiche provate. Nello scorrere della lettura scopriamo che l'intelligenza artificiale è entrata nella nostra vita quotidiana senza che ce ne accorgessimo. Ma non da ora, pensando ad Internet, alle carte di credito, al navigatore satellitare per muoverci in città, ai robot in alcuni luoghi di produzione, alle tlc satellitari e tante altre tecnologie. Presto, altre ne arriveranno a cambiare il nostro vivere quotidiano, per aiutarci a risolvere problemi difficili, esaminare la nostra condizione di salute e creare un nuovo modo di comunicare, di produrre e di consumare. L'inizio del libro ci fa intravedere il futuro in cui siamo proiettati, con il suo assistente digitale personale Spoch.

"Che sa ogni cosa di me e gli impegni della giornata. Tramite la rete wifi controlla la mia pressione, il battito cardiaco, calcola il mio peso, il colesterolo e altri parametri. Oggi tutti i valori sono normali tranne il colesterolo, che è un po' alto, perciò Spoch azionerà i somministratori di medicinali che ho sotto la pelle e mi preparerà una colazione che mi aiuti a farlo scendere". Da parte mia, per non vedere più il mio affabile e disponibile cardiologo Enzus, mi farei impiantare una rete di sensori per prevenire e bloccare al nascere la fibrillazione.

"Spock mentre faccio colazione prenota una capsula volante che mi porti in ufficio per il primo incontro della mattinata. L'incontro è andato bene, mi ha permesso anche di controllare il primo capitolo sulla storia dell'intelligenza artificiale. Le nuove tecnologie, i sensori impiantati nel corpo umano, la comprensione del linguaggio parlato e scritto, gli animali robotici, le auto volanti, la stampa 3D, la realtà virtuale, le stanze cognitive, l'automatizzazione dei magazzini e la generazioni di immagini, video, dipinti, cibi e musica".

Molte di queste tecnologie già esistono, si tratterà di capire fin dove spingersi. Questo dipenderà da noi, poiché si deve tener presente l'impatto sulla vita di ogni singolo individuo. Sulle ricadute sul mondo del lavoro, gli economisti hanno visioni diverse del futuro. Alcuni sostengono che si potranno creare nuovi posti di lavoro, altri parlano di conseguenze difficili da immaginare. Non c'è una visione unitaria, ma concordano su un maggiore impegno politico sulla ricerca, sulla formazione e sulla scuola, per migliorare le conoscenze. Un tema, questo, che dovrebbe essere la priorità delle priorità, in una strategia di avanzamento culturale e sociale della società. Oltre a questo punto strategico, viene fuori quello della gestione dei dati sensibili personali, che tanto fa discutere, e quello di cui nessuno parla: ovvero dello sviluppo della armi – anche letali – in grado di prendere delle decisioni in autonomia, cioè senza l'intervento dell'uomo.

"La tecnologia – scrive l'autrice – non è così lontana". Occorre che i governi decidano senza esitazioni sul controllo delle armi, che ha degli aspetti non solo tecnologici, ma anche politici, sociologici, etici e umani. Possiamo fidarci dell'intelligenza artificiale? Una domanda alla quale solo il tempo potrà dare una risposta, sempre che non si subisca passivamente il dominio e l'ideologia della tecnica e senza dimenticare cosa ci rende umani e quali siano i nostri limiti e i nostri valori. Un racconto di 118 pagine pieno di curiosità, che ti coinvolge, ti invita a riflettere e ci proietta verso un mondo da esplorare.

sabato 21 dicembre 2019

Mercato del voto

Il voto di scambio esiste, ma non da oggi. Oggi sono cambiate le forme dello scambio. Un tempo era impensabile che un mafioso accettasse denaro in cambio di voti. Piuttosto avrebbe chiesto altri favori di altro tipo e avrebbe fatto sapere in giro di essere un buono amico di quel politico. Essergli amico gli avrebbe spalancato le porte di qualunque ufficio, per non parlare delle banche. Un luogo privilegiato per grandi affari di riciclaggio, di contrattazioni e di cessioni di prestiti senza garanzie, che nel tempo si trasformeranno in sofferenze non più recuperabili.
Una storia lunga che ancora si presenta ben evidenziata nell'operazione Gratteri e l'arresto dell'assessore Rosso della Regione Piemonte. Anche se il mondo degli affari mafioso si presenta, bisogna dire, con tanti volti di difficile riconoscibilità, in molti gangli della società e delle istituzioni. Oggi, il politico e il mafioso discutono, contrattano e scambiano alla pari, senza nessuna differenza di collocazione. Lo scambio deve essere sempre alla pari e mai diseguale. Conveniente per entrambi ed anche per i propri amici. Poi abbiamo i tanti voti di scambio meno scandalosi, ma pur sempre odiosi: dai voti concessi in cambio delle promesse di lavoro, al rilascio di una licenza edilizia o commerciale, o per avanzare quella pratica che non si

smuove dal posto in cui non si sarebbe mai dovuta trovare. Lo scambio, i favori, il clientelismo, il familismo messi insieme non fanno che arricchire il panorama della decadenza del costume italico.

Una tempo – non troppo lontano – finiva nel mirino il Sud, con punte velenose di razzismo. Si faceva di tutta l'erba un fascio, senza mai riflettere sul fatto che al Nord non si stesse meglio relativamente alla presenza della mafia e alle pratiche dello scambio euro/voto.

Per avere una legge che sanziona questo commercio, che è la negazione della democrazia, abbiamo dovuto aspettare decenni. Se a questa legge aggiungiamo la "spazza corrotti", bisogna ammettere che un notevole passo in avanti si è fatto. C'è voluto del tempo, anche per le molte ambiguità delle forze politiche che non hanno fatto altro che ritardare i provvedimenti, mentre il paese andava alla deriva per il crescere della corruzione e di pratiche politiche fuori da ogni contesto democratico e libero.

Le leggi ci sono, ma si farà quel salto culturale necessario per smettere di incassare tangenti e comprare voti mafiosi?

domenica 22 dicembre 2019

Albert Camus

"C'è la bellezza e ci sono gli oppressi. E per quanto difficile possa essere, io vorrei essere fedele ad entrambi"

Sul supplemento "domenica" del Sole24Ore ho letto un bel ricordo di Goffredo Fofi su Albert Camus, dal titolo "Fedele al bello e agli oppressi". Un ricordo che parte da lontano, dalla sua morte in un incidente automobilistico il 4 gennaio di sessant'anni fa, passando dal premio Nobel per la letteratura, al dissidio con Sartre e al richiamo di alcuni suoi romanzi.
Era amato dal grande pubblico e non sempre dagli intellettuali, in particolare quelli di destra e quelli di sinistra che avevano sempre qualcosa da ridire sulle sue opere. Il dissidio con Sartre nasce proprio da diverse opinioni sull'esperienza sovietica e la guerra d'Algeria. Opinioni profondamente contrastanti e distanti, che li portarono ad allontanarsi per ricongiugersi con le parole scritte da Sartre nel suo romanzo "Le parole": "per il proletario Camus la cultura fu una dura conquista, per il borghese Sartre un privilegio di nascita".
Di questa sua appartenenza e condizione Albert ne aveva una profonda coscienza che non smarriva, ma che era ben presente nella sua azione quotidiana e nel suo impegno. Non era, come giustamente fa notare Fofi, come gli intellettuali

odierni, afflitti da un'inspiegabile paralisi all'azione. Una paralisi che si avverte e che si trascina da tempo, quasi sempre per non schierarsi e stare con i piedi all'asciutto.

Per Fofi, la frase di Camus non è citata come merita: "c'è la bellezza e ci sono gli oppressi. E per quanto difficile possa essere, io vorrei essere fedele ad entrambi". La ricerca del bello e del giusto per capire e non abbandonare gli oppressi. Una scelta di vita poggiata su degli ideali forti, che non fanno dimenticare la provenienza, i sacrifici della famiglia per permettergli di studiare, il suo estro letterario e il suo essere dalla parte degli oppressi. Indimenticabile l'inizio di uno dei primi romanzi che ho letto "Lo straniero": "Oggi la mamma è morta. O forse ieri, non so".

mercoledì 1 gennaio 2020

In ricordo di Guido Rossa nel Giorno della Memoria

Ci incontriamo in questo luogo dedicato a Guido Rossa, operaio Italsider di Genova, assassinato da un gruppo di fuoco delle Brigate Rosse la mattina del 24 gennaio 1979, per ricordare nella giornata della Memoria tutte le vittime del terrorismo e delle stragi.

Non appena approvata la legge, il 4 maggio 2007, che istituiva la giornata della Memoria il 9 maggio, simbolicamente nella ricorrenza dell'assassinio dell'on. Aldo Moro, il Presidente della Repubblica Giorgio Napolitano, in una sua lettera ai famigliari delle vittime, scriveva: "la decisione del Parlamento colma un vuoto di memoria storica e di attenzione umana e civile, che molti di voi avevano dolorosamente avvertito".

Parole quanto mai opportune per unire e per non lasciare soli nel dolore e nella richiesta di giustizia i famigliari di tante vite spezzate dalla cecità e dalla violenza delle Brigate Rosse, dello stragismo neofascista e di quello mafioso.

Un richiamo doveroso, quest'ultimo, per ricordare che il prossimo 23 maggio ricorre l'anniversario della strage di Capaci in cui vennero fatti saltare in aria Giovanni Falcone, la moglie Francesca Morvillo e gli uomini di scorta.

Dopo anni, rispetto ad alcuni delitti e stragi non conosciamo né i volti degli esecutori, né quelli dei mandanti, né la verità.

Le domande che attendono ancora delle risposte sono tante, per fare piena luce su quei terribili e laceranti anni che scossero il Paese.

La ricerca della verità è indispensabile per squarciare i silenzi e per non offuscare, come si tende fare in questi ultimi tempi, la determinazione delle forze politiche democratiche d'allora e l'impegno del movimento operaio contro il terrorismo e l'eversione, in difesa delle libertà democratiche.

Le vittime del terrorismo sono state 180, di cui 11 Magistrati, 59 Civili e 110 tra le Forze di Polizia e le Forze Armate, mentre le vittime delle 40 stragi di matrice diversa che hanno insanguinato molti luoghi del nostro Paese sono state 387, con oltre 400 feriti.

Molte delle vittime del terrorismo e delle stragi erano giovani ragazzi e ragazze: talune in attesa di recarsi a scuola o in vacanza, alre intente a raggiungere il posto di lavoro, altre ancora nello svolgimento del loro dovere di servitori dello Stato.

A tutti loro va il nostro pensiero commosso, non dimenticando il dolore dei famigliari e le sofferenze dei feriti.

lunedì 27 gennaio 2020

Il Mezzogiorno prima di ogni cosa

Si possono prendere schiaffi da tutti i lati, senza reagire, per mantenere in vita un governo polemico e senza un progetto rispetto alle cose da fare? Con un minimo di dignità il tavolo andrebbe rovesciato, invece Zingaretti incassa e va avanti. Con il solito sorriso e parole di salvezza. Come se la salvezza in politica non derivi dalle cose che fai, come operi durante la giornata, da come ti comporti in parlamento, da come ti rapporti con la gente in carne e ossa, da come guardi a tutto quello che avviene fuori dai tuoi confini, in Europa e nel mondo.
Scampato il pericolo del voto dell'Emilia-Romagna – ma non in Calabria – ritorna il silenzio e il blocco delle decisioni che andrebbero prese per dare una scossa all'economia e tirare dentro il Mezzogiorno che boccheggia, invecchia e si spopola. La mia passeggiata serale avviene in mezzo all'oscurità e un via vai di macchine, senza gli sguardi che s'incrociano, i saluti e le parole. Mentre con il chiarore del giorno vedo la città avvolta in un mare di cartelli colorati con la scritta "vendesi" o "si vende". In giro, dei cani o dei sacchetti di plastica colorati in volo. Quei rumori di una volta, quando la città si svegliava chiassosa e gioiosa, non si odono più.
In quei gesti e quei sorrisi c'era il pane, la vita e il sacrificio di mandare i figli a scuola per restare nei luoghi del cuore.

Invece oggi si mandano i figli a scuola per mandarli lontano, in cerca di una loro strada, perché questa nostra terra è matrigna. Così come nella scena finale del film di Tornatore, "Nuovo cinema Paradiso".

Una terra matrigna e ostile alle nuove generazioni e a chi vuole inventarsi qualcosa per vivere. Vivere libero con il proprio lavoro, senza che qualcuno ti bussi alla porta o ti mandi qualche avviso per pagare il pizzo. Anche questo mortifica e ostacola il fare impresa. Quando la sinistra comprenderà le condizioni del Sud si potrà parlare di un possibile cambiamento, stando anche all'opposizione con idee, progetti e iniziative.

L'attuale ministro per il Mezzogiorno Provenzano, essendo un uomo del Sud che conosce, dovrebbe fare in modo di capovolgere l'agenda politica del governo per dirgli: da questo momento si parla delle cose da fare per quella parte del paese abbandonata. Se dovessero fare finta di non sentire, faccia in modo di far smuovere il tavolo per una questione economica e sociale drammaticamente seria, senza pensare al 2023.

mercoledì 5 febbraio 2020

Calava la notte

Lo sguardo era rivolto verso il cielo attraversato da una scia di stelle cadenti. Ognuno esprimeva un desiderio che confluiva in un sentire comune, lontano dal voto, per conservare gli odiosi privilegi. Ignorando quello che avevano fatto nelle assemblee dei consigli regionali durante l'approvazione delle leggi per il taglio dei vitalizi.
Si sono divisi e spaccati come in Sicilia per un taglio temporale, per tre anni, che va dal 9% al 19%. Per dimostrare la loro coerenza sono andati dal ministro per le regioni nel tentativo di impugnare la legge, cosa che il buon e intelligente Boccia ha fatto con un sottile stratagemma, impugnando la norma sulla temporalità del provvedimento, ma non quella sulla percentuale dei tagli.
Per stile, mi rifiuto di scrivere un famoso detto siciliano che lascio alla libera immaginazione di chi leggerà questo articolo. Su tutto quello che è avvenuto nelle varie regioni, non solo gli stellati non *pipitìano*, ma neppure il giornale di "tutti al rogo", "Il Fatto". Il quale va oltre falsificando i fatti: "i vitalizi" non esistono più, ci sono dei ricorsi per i tagli non equi e non ragionevoli che vanno oltre il 46%, mentre nelle regioni non superano il 20%. I ricorrenti hanno diritto ad avere una sentenza che spetta all'organo giudicante. Potrebbe essere favorevole in toto o in parte, oppure il

collegio potrebbe decidere di rimettere le carte alla Corte Costituzionale, sussistendo tutti i motivi riguardanti la retroattività del provvedimento.

I componenti stellati del collegio, invece di scappare, potrebbero far valere giuridicamente tutte le loro ragioni, arrivando a chiedere anche l'invio alla Corte Costituzionale. Mettendo così da parte i conflitti di interesse o la fuga dal collegio. Se poi parliamo di conflitti di interessi, carissimi, è nella stessa natura dell'autodichia – un istituto[6] che andrebbe superato, per riportare le controversie che potrebbero nascere al giudice naturale, alla pari di un qualsiasi cittadino di questa Repubblica.

Quando si parla dei governi di cambiamento si dovrebbe partire proprio da queste riforme che non costano nulla. Ma è possibile che non sappiano queste cose? Ma è possibile che siano in una permanente fibrillazione demagogica, quando le cose potrebbero andare sul piano della civiltà giuridica e il rispetto degli organi giudicanti, senza gridare agli untori? Non solo guardando le stelle si dicono le verità, ma anche nelle piazze, rischiando qualche rumore.

lunedì 17 febbraio 2020

---

6 Particolare prerogativa dei due rami del Parlamento di risolvere, attraverso un organismo giurisdizionale interno, le controversie insorte con i propri dipendenti. NdG

Il virus e le nostre fragilità

Ora che il virus è arrivato tra noi, scopriamo tutte le nostre fragilità. La paura c'è ed aumenta con il passare delle notizie, non sempre confortanti. La paura per l'estendersi dell'epidemia si avverte e si manifesta ad ogni ora del giorno. Parlando al telefono con alcuni amici che, come me, sono padri di figli che risiedono fuori sede per lavoro, si avverte, nel corso della nostra chiacchierata, un forte senso di paura.
È vero: viviamo in un'epoca d'incertezze piena di limiti invalicabili, ma che non vogliamo guardare al passato è altrettanto vero. Se tornassimo indietro con la mente, cosa che dovremmo fare sempre, capiremmo che la storia è un racconto di calamità ed epidemie devastanti che hanno portato le persone a muoversi. Anche le guerre hanno avuto gli stessi effetti di morte e di spostamenti.
La famiglia di mio papà non è stata colpita dall'inutile e disastrosa prima guerra mondiale, ma dell'epidemia d'influenza spagnola nel 1918. Il terribile virus portò via mio nonno paterno di anni 58 e un mio cugino di 4 anni. Poi la grande disperazione e le conseguenze. Quando si è investiti – in qualsiasi epoca – da queste tragedie, bisogna valutare anche le devastanti ricadute economiche. Ci sono attività che chiudono ed economie che vanno a rotoli.

Siamo all'inizio del coronavirus e si avvertono i primi segnali di difficoltà economiche d'interi comparti produttivi. Quando sento parlare del virus dell'epoca globale mi domando: ma quello dell'influenza spagnola, che ha fatto nel mondo tra 50 e 100 milioni di vittime, non era anch'esso globale? A Nicosia chi lo ha portato?
Alcuni tuttologi di giornata farebbero bene a non parlare e ad ascoltare la scienza. Riconosco che i rischi sanitari siano reali, che non mi resta che affidarmi alla scienza e che occorra rispettare tutte le indicazioni che provengono dalle autorità sanitarie. Non ci sono altre strade che la collaborazione e la capacità del nostro sistema sanitario di reggere la sfida.

domenica 23 febbraio 2020

Il valore del nostro sistema sanitario

C'è voluto un virus per farci comprendere l'importanza del nostro sistema sanitario. Ora si deve sperare che regga alla sfida del Covid 19, che si sta diffondendo ovunque, con grave conseguenze sulle persone più fragili e sul nostro sistema produttivo ed economico.

Ancora non è finita e non sappiamo quando finirà. Siamo al centro della tempesta, con il rischio d'essere travolti se non rispettiamo le prescrizioni del governo – il quale dovrebbe essere più accorto nella comunicazione – e se non cambiamo il nostro stile di vita al fine di salvaguardarci e salvaguardare gli altri. Quindi, ad ognuno di noi spetta una grande parte di responsabilità, per non creare intralci e collaborare. Dobbiamo avere lo stesso atteggiamento di chi opera in prima linea con grandi sacrifici e di chi non toglie gli occhi dagli spettrometri. Stanno lavorando al vaccino, ma ci vorrà ancora del tempo.

Nel quadro nazionale, le maggiori preoccupazioni provengono dal Sud per la non adeguatezza delle strutture sanitarie e la carenza di personale. I provvedimenti che il governo sta per mettere in campo attenzioneranno, tra le regioni meridionali, maggiormente la Sicilia. Si parla di 900 specialisti e di 1000 infermieri, senza considerare gli interventi urgenti per l'acquisto della diagnostica di primo impatto e l'adeguamento di alcune strutture alle nuove esigenze.

L'assessore Razza pensa all'apertura di qualche struttura da tempo dismessa o a qualche albergo da requisire per i ricoveri d'isolamento transitori. Potrebbe pensare anche alla rimodulazione dei posti letto in qualche ospedale per rispondere prontamente all'urgenza. Rispetto ai tempi biblici per spostare un servizio, noi del comitato per la salute di Lentini ne sappiamo qualcosa. Fu così per mettere in piedi la rianimazione, dopo anni di attesa, o il centro di senologia.

Ma non sono state iniziative e lotte vane. La spinta è stata costante sin dall'inizio della costruzione del nuovo ospedale e giù di seguito senza mai fermarsi. Se oggi ci sentiamo un tantino più sereni è perché sappiamo che non distante abbiamo un luogo che ci può accogliere e che può fornirci le prime cure. Chi non è passato da quelle stanze non può comprendere la portata e il valore di quel servizio aperto a tutti, a carattere universale. Il valore in questa tempesta virale si sta comprendendo, ma non basta.

Superata l'emergenza bisognerà affrontare la questione della modifica dell'art.117 della Costituzione, in particolare il famigerato capitolo V, al fine di colmare le forti disparità territoriali e garantire a tutti prestazioni sanitarie e cure adeguate. Verrà il giorno in cui il Parlamento dovrà discutere i disegni di legge di modifica costituzionale già depositati. Vedremo come le forze politiche si comporteranno per capire le loro scelte, anche se per alcune non sarà facile, in particolare per i sostenitori dell'autonomia differenziata.

Questo per la parte politica, mentre per la parte che riguarda ognuno di noi bisognerà che si stia insieme ad altri e lottare per una svolta radicale e migliorativa del servizio sanitario pubblico. Una svolta necessaria da accompagnare ad altri provvedimenti urgenti, non più rinviabili, per l'efficienza e la stabilità del sistema.

Non dimenticando di combattere le cordate clientelari e corruttive e di mettere ordine alle nomine dei direttori generali delle aziende. I quali vengono nominati in base al credo politico, per meglio dire dell'amico di cordata, a scapito delle competenze e della conoscenza dei bisogni del territorio.

La quasi totalità delle urgenze al pronto soccorso di Lentini, per fare un esempio, riguardano i disturbi cardiovascolari e neurologici a causa dell'invecchiamento. Per il servizio di cardiologia si è coperti, mentre per quello neurologico no. Se tutto va bene, c'è l'ospedale di Augusta, oppure le cliniche private, sempre che l'ammalato non sia in condizioni gravi.

Per chi è ad alto rischio mortalità vi sono delle difficoltà oggettive nel trovare un posto; ma non per coloro che richiedono facili cure, o il cui intervento ha un certo valore, se quelle cliniche dispongono di luminari. I quali quasi tutti provengono e si sono formati nelle corsie degli ospedali o dei policlinici universitari.

È uno dei tanti paradossi dell'ambiguo rapporto pubblico-privato convenzionato, che non regge. Non regge anche nelle regioni del Nord, figuriamoci in Sicilia e in generale nel Sud.

sabato 7 marzo 2020

Il virus nel paese dei velinari

Un pensiero veloce. È vero che il governo non brilla sul piano della comunicazione, ma che siamo il paese dei velinari non ci piove. Si passa la notizia agli amici non per informare, ma per bruciare gli altri nel darla, per bloccare anche qualche atto non gradevole o per preparare qualche campagna scandalistica. La corsa nell'arrivare non ha limiti, anche se poi si prendono delle sonore cantonate.
Il senso di responsabilità nei momenti difficili dovrebbe valere per tutti, soprattutto per coloro i quali fanno informazione. Invece, leggiamo o ascoltiamo delle trasmissioni televisive il cui linguaggio e i toni terroristici inducono al panico. Il loro obiettivo non è informare, ma mettere in discussione la credibilità degli atti del governo. Il quale, in una situazione inedita, può anche sbagliare nel comunicare e nel coordinare le azioni. Dei limiti superabili, ma che dipendono molto dalla serietà degli addetti stampa e non solo.
Anche in Cina, quando hanno preso quelle misure drastiche, ci sono state delle polemiche sui ritardi e sulla dimensione dell'area da chiudere apparse sul giornale ufficiale del partito comunista. Siamo in Cina. In America cosa sta avvenendo? Trump si contraddice in ogni sua dichiarazione con scivoloni clamorosi. Dallo "state tranquilli" alla richiesta al congresso

di una barcata di dollari per affrontare la diffusione del virus, dato che il sistema sanitario non ha carattere universale come il nostro. Negli States i tamponi si pagano e costano. E se non hai l'assicurazione puoi anche morire su un marciapiede, tra l'indifferenza dei passanti.

Qui, con tutti i limiti e i corvi neri che non vedono bene questo governo, si andrà avanti. Pure a loro interessa che non tutto vada verso il disastro, perché governare dopo i disastri non è facile.

domenica 8 marzo 2020

Io e la postina (senza parlare dell'ascensore)

Una storia ai tempi del signor Covid 19 che mi è capitata ieri.
Verso le 13,40 sento suonare il citofono:
"Sono la postina, scenda per ritirare la posta".
Scendo, saluto e mi metto a debita distanza.
"Lei fa bene a non avvicinarsi e ascolti quello che sto per dirle".
Sono qui ad ascoltare e per ritirare la posta.
"La posta ordinaria gliela posso consegnare, mentre per la raccomandata non mi è possibile, in quanto dovrei superare la distanza consentita per la firma nel palmare".
La guardai senza parole.
Sempre Lei: "Non mi guardi, perché le regole sono regole e vanno rispettate".
"Giusto, ma che lei non possa consegnarmi la raccomandata per lo scostamento di qualche centimetro mi sembra un'assurdità".
"Assurdità o meno, io Le consegno l'avviso per il ritiro della raccomandata alla posta".
Mi ha consegnato l'avviso, sempre a distanza regolamentare, ha salutato ed è andata via. Ed io non ho fatto altro che

ricambiare al saluto, girarmi, salire le scale a piedi a causa dell'ascensore fuori servizio.

Anche per l'ascensore evidentemente non era giornata. Uno di questi giorni andrò a ritirare la raccomandata proveniente, sostiene la signora, dal comune di Vizzini. Ho capito subito che si tratterà di un avviso d'amorosi sensi per contribuire al risanamento del bilancio comunale, come sta avvenendo nei comuni viciniori di Carlentini, Francofonte e Lentini.

Altra storia che un giorno si dovrà raccontare è come delle norme di sicurezza e di educazione stradale siano state trasformate in atti e strumenti tecnologici per fare cassa.

Nessuno potrà capire cosa significhi essere fermati dagli uomini e dalle donne in divisa che ti salutano e ti controllano. In questo, mi sento più sicuro e, eventualmente, contravvenzionato per qualche infrazione al codice della strada. Punti di vista di una persona che ha viaggiato molto e che sa cosa significhi vedere di giorno e di notte le forze dell'ordine per le strade. Così come li stiamo vedendo nell'emergenza di questi giorni. Punti di vista rispettosi e non strumentali.

Stamani, per iniziare bene la giornata, ho chiamato la direzione dell'ufficio postale di Carlentini per avere delle spiegazioni, ma non è stato possibile a causa del silenzio degli operatori. Non penso che la postina suonerà due volte.

domenica 15 marzo 2020

Stare nel tempo disumano del virus

A COSA STAI PENSANDO? Questa domanda ai tempi del coronavirus andrebbe sostituita: come trascorri il tempo chiuso in casa?

Per essere sincero non è facile: non solo per motivi organizzativi, ma soprattutto per le sensazioni che si provano nel non uscire, non camminare, non poter vedere gli amici o andare al cinema. Una condizione non facile: occorre essere consapevoli del fine per non essere travolti da questo terribile virus. È vero che si tratta di uno stravolgimento delle nostre abitudini e del nostro modo di vivere, ma non ci sono alternative, se non quelle di rispettare i protocolli e le norme delle autorità scientifiche e del governo per contribuire ad uscirne quanto prima. Per riprendere la nostra libertà di movimento, per tornare a vederci, annusarci, camminare e tornare a salutarci, anche da lontano.

Come va? Tutto bene. Vederci vuol dire essere ancora in vita. Il dono della vita: che duri il più possibile, nella consapevolezza che un giorno dovremo intraprendere il lungo viaggio. Non è che non si debba pensare alla morte, ci penso spesso, ma mi rattrista vedere le vittime del virus che vengono calate nella nuda terra senza gli sguardi tristi dei propri cari e la posa di un fiore. Un virus non solo devastante, ma anche disumano.

Mi fermo per fare delle cose che mi ha ordinato mia moglie. Pulire la stanza, sistemare i libri: quelli miei ma non quelli suoi, per non farmi dire "sono le mie letture". "E non dimenticare di piegare la biancheria e di sistemare le camicie".

Sistemate le cose con perizia, trova sempre qualcosa che non vada: "Boggio sei una frana". Quando finisco di ordinare, ascolto della musica, le notizie non sempre, leggo e scrivo quando mi viene, le telefonate non mancano, il giro dei giornali online e fb per comprendere orientamenti e bestialità in rete. Nelle pause qualche visita in garage, per prendere l'acqua o i detersivi.

La sera, l'immondizia per la mattina dopo. Infine, non potendo camminare per *sfantasiare*, sto leggendo il libro di E. Kagge, "Camminare", un gesto sovversivo per sottrarsi alla tirannia della velocità e per restituire intensità alla vita. Che farò quando il virus sarà andato via e potrò uscire da casa, con il mio passo e le solite fermate per una stretta di mano e un sorriso?

Ce la faremo, anche se il "dopo" non so come sarà. Spero in meglio, soprattutto se si avrà rispetto per il luogo nel quale siamo ospiti.

giovedì 19 marzo 2020

Pensieri della sera. Cosa servirà dopo

Il trio delle meraviglie: Berlusconi, Salvini, Meloni, voleva Bertolaso a capo della protezione civile, e il redivivo Alemanno a capo del governo. Non sanno più cosa dire in un momento così drammatico per il paese. Giocano ad alzare la posta, venendo meno il loro sogno, ovvero la fine del governo Conti.
Invece di aspettare la fine, facciano bene il loro lavoro entrando nel merito dei provvedimenti per la soluzione dei problemi, che non sono pochi e che riguardano indistintamente tutte le categorie e il mondo delle imprese. Lo facciano in una dialettica parlamentare di maggioranza e opposizione, perché non credo alle invocazioni per un clima di unità nazionale.
Manca la voglia e la cultura, in particolare in quelle forze politiche – e non solo – che sperano che dalle ceneri del governo Conte possa venire fuori il governo delle meraviglie, con il Truce a capo. Non capendo che dopo sarà un altro giorno e che nulla sarà come prima. Non solo nelle condizioni materiali delle persone, ma anche nel modo di pensare e di vivere.
C'è una stretta correlazione – e si vede – nel modo in cui agiamo in questa transizione epidemica, figurarsi quello che potrà accadere dopo. Quale sarà lo stato d'animo e la voglia di

fare per riprendersi e andare avanti. Finite le guerre si vedevano i palazzi sventrati, gli alberi di ciliegi in fiori tagliati per ritorsione, come nel bel film di Mendes "1917", le cose da ricostruire.

Invece, il giorno in cui ne usciremo si tratterà di ricostruire e dare un senso alla vita delle persone, metterle in piedi e dare loro una prospettiva in un mondo cambiato. Un lavoro sulla psiche non sempre facile, accompagnato all'impegno quotidiano del lavoro e dalla ripresa delle relazioni umane. L'uomo, non bisogna mai dimenticarlo, è un animale sociale, che non è nato per stare solo, ma per vivere in relazioni ad altri uomini.

sabato 21 marzo 2020

Il mondo capovolto che ci attende

Dovrà venire il giorno in cui una discussione franca e serena si dovrà fare per chiarire molte delle cose che stanno avvenendo in questo periodo di grandi preoccupazioni per il presente e per il dopo. La stragrande maggioranza delle persone è interessata a capire cosa sarà di loro, delle loro famiglie, dei figli, dopo l'uscita della tempesta virale.
Ci sarà chi manterrà il lavoro e chi lo perderà.
Chi era in attesa di trovarlo e chi smetterà di attenderlo. E ci sarà chi non andrà più in giro per il mondo, avendo la consapevolezza che anche altrove le cose sono mutate, per difficoltà lavorative ma anche per chiusure egoistiche.
Saremo di fronte ad un mondo capovolto con più diseguaglianze e meno opportunità, però ci sarà chi si arricchirà e chi nella illegalità prospererà.
Per quello che ci riserva il futuro, le critiche al presidente del consiglio Conte per la comunicazione mi fanno sorridere. In una crisi epocale di questa portata ogni atto si deve comprendere nel suo contesto, però si deve saperlo anche comunicare. In questo, Conte lascia a desiderare, anche perché il suo ufficio stampa non brilla. Soprattutto in questo periodo avrebbe bisogno di un ufficio stampa di grande livello, in grado di supportarlo e, nello stesso tempo, di essere in grado di osservare con attenzione ciò che scrivono e

dicono i media e i social. Appena possibile, spero presto, non si dovrà discutere solo delle falle che ci sono state e delle inadeguatezze di alcune strutture sanitarie, ma si dovrà partire dal rapporto tra Regioni e Stato, che guardi alla catena di comando e al ruolo del pubblico e del privato nel sistema sanitario, senza saltare i distretti territoriali come luoghi di prevenzione di cura. Una nuovo modo di concepire l'articolazione dello Stato in una nuova e piena condivisione.

Questo sarà uno dei passaggi fondamentali quando si vorrà parlare di riforme e di sburocratizzazione della pubblica amministrazione. Nella discussione, che necessariamente dovrà esserci, non si potrà fare a meno di analizzare e di discutere il ruolo dell'informazione nel periodo del Covid-19. Parlo del caotico e inadeguato sistema pubblico e di quello in mano ai privati: la loro preoccupazione non è stata curarsi di fornire una corretta informazione, ma di scivolare sempre sulla politica, avendo di mira il governo.

Un governo insopportabile sin dalla nascita e che dovrebbe essere trascinato dalla pandemia per la nascita di un nuovo governo d'emergenza, composto da tecnici, oppure con tutti dentro. Il duo MM non vede l'ora di sbaraccare Conte e di sedere insieme, con il sorriso compiaciuto di Denis.

lunedì 23 marzo 2020

Ma quelli che soffrono veramente sono i poveri

Sta emergendo quello che non abbiamo voluto vedere: le nuove povertà, dai piccoli borghi alle grandi aree urbane. Un quadro drammatico di bisogni sempre crescenti e di povertà nascoste, che bisogna portare alla luce per poter intervenire. Nonostante i casi – che purtroppo esistono – di persone non bisognose che chiedono e ricevono aiuti, a scapito dei meno fortunati. Ci sono e ci sono sempre stati, anche nei periodi di normalità. I racconti delle persone impegnate nel variegato mondo della solidarietà relativi alla complessità del fenomeno povertà e di chi ne approfitta sono molti. Parlano perché conoscono, ascoltano e aiutano.

Un giorno, una persona a me cara mi parlò dei poveri nascosti, quelli che non si vedono, che non chiedono per dignità e che, quando emergono, bisogna aiutare. Se necessario, fin dentro le case, portando una parola di conforto, per dir loro che non saranno lasciati soli. In questi momenti così difficili e drammatici è necessario che si elevi la coscienza di ognuno di noi, per iniziare un nuovo viaggio. La corsa per calpestare gli altri non serve, occorre tentare di arrivare tutti insieme al traguardo, come nella stupenda canzone di Seby Mangiameli. Poco fa, sentire le parole del giovane assessore al comune di Carlentini Salvo La Rosa, intervistato da Silvio Breci, mi hanno fatto capire che qualcosa di nuovo nell'aria c'è: lo si deduceva dal suo linguaggio, dalla competenza e dalla passione nello svolgere un servizio per la sua comunità, sebbene non nascondesse le difficoltà che si incontrano nel quotidiano. Difficoltà reali, perché i soldi non sono tanti e occorre saperli distribuire con equità, in rapporto alla ripresa della vita normale.

I primi finanziamenti dello Stato stanno già arrivando, mentre quelli della Regione tarderanno. Per la parte più corposa dei 100 milioni, cioè 70, occorrerà l'autorizzazione di Bruxelles, trattandosi di fondi europei. I restanti 30 dovrebbero essere erogati il più presto possibile. Sempre che Musumeci, anziché chiedere super poteri, voglia pensare alla sanità, alla cassa integrazione in deroga e allo sblocco dei vari finanziamenti. Deve capire che servono per l'immediato, nell'attesa degli altri interventi per la ripresa dell'economia e della vita sociale nel suo insieme.

Sono giorni decisivi non solo per difenderci dal virus, ma per il dopo, in quanto anche l'europa deve fare la sua parte, non marginale. Correre da soli non ci salva; correre insieme, sì. Infine, bisognerebbe smetterla con la solita ipocrisia per cui soffriamo tutti: coloro che soffrono davvero sono i più poveri.

domenica 5 aprile 2020

Un colpo al cerchio e una alla botte

Il virus ha portato via Luis, da sempre a fianco dei più dimenticati. Sui dimenticati, ai tempi del coronavirus, dovrebbe essere rivolto il nostro sguardo e il nostro impegno, per aiutarli ad uscire dalla triste condizione in cui si trovano. Non sono più i dimenticati di una volta, perché altri volti si sono aggiunti a causa di questo terribile virus che blocca gli scambi, i movimenti delle merci e delle persone, che sono costrette a rimanere chiuse in casa per non lasciarlo vincere. Anche se ci vorrà tempo prima che arrivi il vaccino.

Questo non ci deve impedire di preparare la transizione per un nuovo modo di vivere, comunicare e lavorare. Anche se le contraddizioni che stanno emergendo sono tante e stupiscono giornalmente i terzisti dalla penna facile che, con i loro commenti, inondano intere pagine di giornali.

Leggendo alcuni di questi commenti mi chiedo in quale paese abbiano vissuto. Scoprono che tra Nord e Sud ci sono delle diseguaglianze nell'erogazione di alcune prestazioni sanitarie. La penna saltella quando scoprono che l'insegnamento a distanza non può decollare, dato che esistono ragazzi senza connessione internet in casa, senza tablet e senza una stanzetta dove poter comunicare e studiare in serenità.

Ma questo rende evidente la distanza che passa tra ricchi e poveri, la quale permane dentro le classi e che, talvolta, viene ridotta grazie all'aiuto degli insegnanti e dei presidi, attenti a non farli sentire esclusi e soli. Quello che avviene di presenza, l'incrocio degli sguardi, le parole e il confronto, non può avvenire a distanza.

Con questo non voglio negare il valore dell'uso di questi sistemi informatici: il governo deve fare ogni cosa per fornirli a ragazzi e ragazze in difficoltà economiche, dato che la connessione alla rete rappresenta un costo. Quando, dopo essersi inceppata, la penna riprende per raccontare l'urgenza di trovare forza lavoro in agricoltura – indispensabile per non mandare al macero alcune produzioni – il pensiero oscilla, così da evitare di prendere posizione in favore della regolarizzazione degli immigrati o verso il rispetto di alcuni diritti negati ai braccianti locali.

Lo sfruttamento avviene su ogni lavoratore, a prescindere dalla nazionalità o dal colore della pelle. Per portare alla luce gli invisibili e sottoporli ai controlli – come un qualsiasi cittadino di questo paese – non ci sono soltanto ragioni economiche, ma anche sanitarie, soprattutto in questo periodo.

Comprendo che il cazzaro verde ogni qualvolta senta la parola "regolarizzazione" vada su tutte le furie, ma più verde di un cavolo cappuccio... non può. In ogni cosa però c'è un limite: stanno emergendo delle tendenze virali e spregiudicate a sfruttare questo particolare momento per far soldi, mentre per gli stracconi della politica (non tutti, per carità), è sufficiente la distribuzione di un buon pasto all'amico o al parente di turno – che non ne ha di bisogno – per sentirsi generosi. Vero: dei generosi miserabili.

venerdì 17 aprile 2020

Una storia ai tempi della spagnola

Quella che sto per raccontarvi è la storia di una famiglia spezzata dal virus della spagnola. Siamo nel 1918 quando, in un pomeriggio di sole, senza nessun preavviso, il virus portò via mio nonno Luigi, di anni 58, e uno dei miei cugini, Salvatore, di 4 anni, figlio di zia Maria.

È stata una tragedia non soltanto umana e psicologica, ma anche economica, a causa della chiusura del grande emporio di tessuti ubicato negli attuali locali della Società Progresso, con le porte rivolte verso la piazza principale e i portici della Cattedrale di Nicosia: il salotto della città, dello "struscio", delle discussioni, del pettegolezzo e delle maldicenze in coda. Teatro anche di epici scontri politici e di comizi di fuoco.

Quando nonno morì, papà aveva 13 anni, era il più piccolo della famiglia e il più coccolato. La famiglia era composta da tre maschi, due femmine e nonna Rosa. Una perla di bontà che visse sempre accanto a zia Maria, che era la matriarca della famiglia. Era una famiglia agiata, non ricca, felice e disponibile verso gli ultimi, in quanto il nonno, per l'attività che svolgeva, aveva il polso dell'economia della città. Una economia prevalentemente agricola, con un diffuso artigianato, un vasto ceto medio professionale e una serie di servizi utili alla popolazione e a quelle del circondario.

Anche l'attività culturale dava segni di vivacità e di presenza attraverso la stampa, in particolare "L'Eco dei Monti", fondato nel 1905 dall'onorevole Mariano La Via. Amico del nonno, il quale lo coinvolse insieme ad altri nell'azione politica-amministrativa con l'elezione in consiglio comunale. Per quello che ho potuto leggere e dai racconti che ho ascoltato, gli anni che vanno dal 1905-1920 sono stati un periodo che guardava allo sviluppo dell'intera zona, con l'iniziativa per la realizzazione della ferrovia e la prospettiva di far crescere il ruolo della cittadina, già sede di Vescovado e di Sottoprefettura. Sogni nel tempo svaniti, come tanti altri.
Fu un periodo segnato anche da una forte emigrazione verso le Americhe, da lutti a causa dell'assurda guerra, dalle mancate promesse verso i reduci e, infine, dall'epidemia della spagnola.

Un quadro drammatico. Una sola volta papà mi parlò di quel periodo, al ritorno a piedi dal cimitero. Papà era una persona mite, di grande umanità e di poche parole rispetto alla mamma, dal forte e vivace temperamento. Papà mi raccontò che dopo la morte del nonno e la chiusura dell'emporio niente fu più come prima: «la nostra vita cambiò e ognuno dei figli intraprese la propria strada. Avevo 13 anni, ricordo la quarantena e i lutti provocati da quel virus invisibile. Le zie e gli zii, dopo alcuni anni dalla tragedia, si trasferirono a Catania per motivi di lavoro e per fare studiare i figli, mentre io – proseguiva papà mentre camminavamo – dopo il periodo da militare all'Aviazione di Torino, rientrai a Nicosia e, in quel clima di entusiasmo per l'imminente rivoluzione sociale, aderii al fascismo. Una giovinezza sofferta per la mancanza di mio padre e di lavoro: precario nella pubblica amministrazione, poi all'ente comunale di assistenza alla fine della seconda guerra mondiale. Che schivai, dopo essere stato chiamato come riservista a Palermo e rimandato a casa insieme a tutti gli altri: prima "il rompete le righe", dopo l'8 settembre, con l'arrivo a casa a seguito di un lungo viaggio a piedi e con mezzi di fortuna».

Ricordo ancora la mamma gioiosa e piena di speranza per la nuova vita.

All'ente comunale di assistenza i bisogni della gente erano ben visibili, ma c'era anche tanta povertà nascosta di molte famiglie, che bisognava assistere con riservatezza a casa loro. Persone che la guerra aveva buttato sul lastrico. Papà quel lavoro lo svolgeva con impegno e discrezione, prima di essere messo da parte dall'arrivo dei nuovi barbari della DC, finiti per corruzione ai Cappuccini e un suicidio.

Invece, colui che mi parlava di mio nonno quando mi incontrava era don Raffaele, il napoletano. L'uomo di fiducia del nonno, che lo seguì da Napoli fino a Nicosia per dare vita all'attività commerciale. Mi parlava come se lui fosse davanti a noi, con il sorriso sulle labbra e la disponibilità al dialogo. Una persona colta e intelligente, amante della lettura, della buona musica e di sani principi liberali di destra, come direbbero i miei amici Nino e Pasquale, i quali mi hanno fornito alcuni documenti sulla sua vita politica. Don Raffaè finiva sempre con le solite parole: «non dimenticarti mai che tuo nonno era una brava persona».

Ho scritto questa breve nota pensando a tutte quelle persone alle quali il virus sta cambiando la vita per la chiusura delle loro attività o per la perdita del posto di lavoro. Per alcuni andrà meglio, ma non per tutti.

mercoledì 6 maggio 2020

Biviere: una vicenda che ritorna

La redazione di Girodivite ha fatto bene a pubblicare l'interessante saggio del prof. Uccio Barone sul Biviere di Lentini[7]. Ogni tanto rinfrescare la memoria aiuta a ricordare che un tratto della storia politica ed economica della città è passata da quello stagno malarico bonificato.
Una storia che, per gli interessi che muoveva e gli scontri che provocava, è uscita quasi sempre dai confini della città. Non c'è stato governo, dall'inizio del secolo passato e del nuovo, che non abbia avuto sulla scrivania le "carte" del Biviere, come del resto è accaduto all'amministrazione locale e al Consorzio di Bonifica. In particolare, al Consorzio andrebbe la maglia nera per l'opacità della conduzione e gli interessi che ha tutelato dal periodo del fascismo all'evvento della Repubblica.
Significativo è il rapporto di Sebastiano Consiglio per conto dell'Alto commissario per la Sicilia del 1946, il quale rilevava gli esiti impietosi della bonifica integrale del comprensorio dove più acuto, come scrive Barone, era stato lo scontro tra blocco agrario e tecnocrazia riformista. Inizialmente il progetto del prosciugamento, voluto dal barone Beneventano e dai Borghese, con il sostegno di Mussolini era riuscito a

---

7   https://www.girodivite.it/La-questione-Biviere-di-Lentini.html

prevalere, ma non fu completato, dopo aver speso malamente ben 35 milioni, sul piano elettroirriguo di Omodeo.

C'è voluto l'avvento della Repubblica per il completamento della bonifica entro il 1952 e, successivamente, per la costruzione dell'invaso artificiale che seguiva in alcune linee il piano Omodeo. È stato un percorso lungo, accidentato, pieno di insidie e di conflitti generati dall'alta posta in gioco per mettere le mani sui finanziamenti del prosciugamento e delle terre bonificate, nella delusione generale di chi sperava in qualche lavoro o pezzo di terra da coltivare. Ci sono volute le lotte per la conquista della terra con l'esproprio dei terreni, indennizzati, per avviare le trasformazioni. Ma non è finita: infatti sono stati necessari ulteriori anni perché fosse realizzato l'immenso specchio d'acqua che brilla in lontananza, costato oltre 1000 miliardi di vecchie lire spesi nella costruzione dell'anello e degli adduttori che portano l'acqua all'invaso.

Nel tempo, per i processi di ristrutturazione nel settore della chimica, sono mutati i fabbisogni idrici della zona industriale. Anche quelli degli agrumeti, a causa degli abbandoni. L'acqua c'è e potrebbe servire anche per altre attività che andrebbero promosse per la valorizzazione dell'intera area, di grande pregio ambientale e faunistico.

Però, alcune domande per chiudere questa breve riflessione sono necessarie.

La prima: quanto è costata l'intera operazione? Un lago di soldi, oltre 1000 miliardi di vecchie lire. 50 milioni per il prosciugamento (rapporto Consiglio e scandali annessi); gli indennizzi per gli espropri delle terre ai contadini e circa 1000 miliardi, di cui 800 per l'invaso e gli adduttori; 40 per gli espropri dei terreni (con alcune porzioni che da seminative si trasformavano in fiorenti alberi da frutta dalla sera alla mattina); 150 per la rete irrigua sotto Francofonte, non ancora completata per un provvedimento della DDA nei confronti dell'impresa costruttrice. Bisogna notare che gli stessi terreni, tra i costi della bonifica, quelli per gli espropri della riforma agraria e quelli per la realizzazione dell'invaso, sono stati pagati oltre tre volte.

La seconda: tutto è andato bene? Non direi: il commercio della terra ricca di humus e la "svista" per il mancato esproprio nell'area di protezione del Lago della casina sulla montagnola (nonché di un'altra casa poco visibile da sguardi indiscreti) ne sono prova.

Terza e ultima domanda: è un'opera utile? Direi di no, se dovesse restare così, senza l'impiego della risorsa idrica e la valorizzazione dell'intera area.

Così com'è rimarrà una distesa d'acqua illuminata dai raggi solari e, di notte, da dalle luci della città.

martedì 12 maggio 2020

Cene tra amici

Non capisco tutta questa indignazione per la presenza in Giunta di un leghista: prima o poi sarebbe accaduto. Così come sta avvenendo che una parte dei 5S ruoti attorno al sistema di potere che Musumeci e Razza stanno tentando con fatica di costruire, partendo dalla Sanità, per fare della Sicilia una terra ultra bellissima.

Però debbono stare attenti e volgere lo sguardo al passato, vista la fine che hanno fatto i precedenti governatori. Quelli con il sistema di potere allargato alla Cuffaro, chiuso e selettivo alla Lombardo, con pupi e pupari alla Crocetta.

In Sicilia, un sistema di potere costruito solo sulla Sanità non può reggere sia per le forti contraddizioni interne a quel pianeta, che per le ondate meteo-politiche. Per andare oltre deve guardare alla burocrazia regionale, a pezzi di forze produttive e di apparati dello Stato sensibili a stare dentro per svariati motivi, non sempre nobili. Non dimenticando che esistono anche delle forze parassitarie, dal volto legale e illegale, che si infilano ovunque e che si possono incrociare anche a spasso di possenti e veloci cavalli.

Non ci resta che seguire gli sviluppi, capire cosa vuole fare l'opposizione (se esiste) e le forze sociali: perché la pandemia lascerà drammaticamente per strada famiglie, lavoratori dipendenti e autonomi. Senza contare i volti della povertà. Non mi indigno perché sono altri che lo dovrebbero fare, a partire da quelli che nei Comuni vanno a spasso con spensierata allegria.

giovedì 14 maggio 2020

Salvini insegue la Meloni, la Meloni insegue Salvini...

Salvini insegue la Meloni, la Meloni insegue Salvini per la manifestazione del 2 giugno a Piazza del Popolo a Roma, mentre il generalissimo Pappalardo gli fa sapere che la piazza è già occupata dai gilet arancioni e che i suoi non si vogliono confondere con il duo MS.

Una farsa reale come tante in giro per l'Europa. A Madrid sfilano i ricchi con le mazze da golf contro Sànchez al grido "via i rossi", perché non possono andare nelle seconde case per praticare il golf. In Germania neonazisti, non vax, radicali di sinistra, chi più ne ha più ne metta, vogliono essere liberi d'ammalarsi perché credono che ci sia un complotto invisibile come il virus: al momento non c'è Soros ma "Kill Bill", per via dei vaccini. In Francia non potevano mancare i gialli con qualche spruzzata di nero, perché non sopportano Macron, a prescindere dalla pandemia. In America, per imporre ad una governatrice democratica l'apertura delle attività, sono andati armati di pistole, fucili e mitra, ma lei non ha ceduto.

In Italia qualcuno spera nelle rivolte e nella cacciata di Conte, senza conoscere chi siamo e cosa vogliamo. Avviso che i bar per andare a prendere un bel cappuccino sono aperti.

Tutto questo mi induce a riflettere sulle giornate che abbiamo passato e sulle immagini che abbiamo visto scorrere nei vari servizi televisivi. I camion dell'esercito che portano i nostri anziani deceduti nei vari cimiteri, senza un saluto o una preghiera. Ma con dignità, se paragonate alle agghiaccianti riprese delle fosse comuni nella civilissima America, o nel Brasile di Bolsonaro. Parlo di quelli che non ci sono più, per non parlare dei poveri vivi messicani, assistiti dai narcos, signori della droga, quartiere per quartiere, alla luce del sole. Anche se in Italia la grande criminalità non vede i poveri ma le aziende in crisi, per metterci le mani. Al momento abbiamo fatto un primo passo, sebbene alcuni grandi "pensatori" giudichino le ultime misure assistenzialistiche e poco rivolte al domani.

Io non credo, perché gli aiuti sono stati necessari e utili. La spinta in avanti viene, da domani, nella capacità di stare insieme, rispettandoci, e di batterci per delle politiche che abbiano al centro il capitale umano. È questo quello che dovrebbe contare, più del capitalismo familistico e straccione italico.

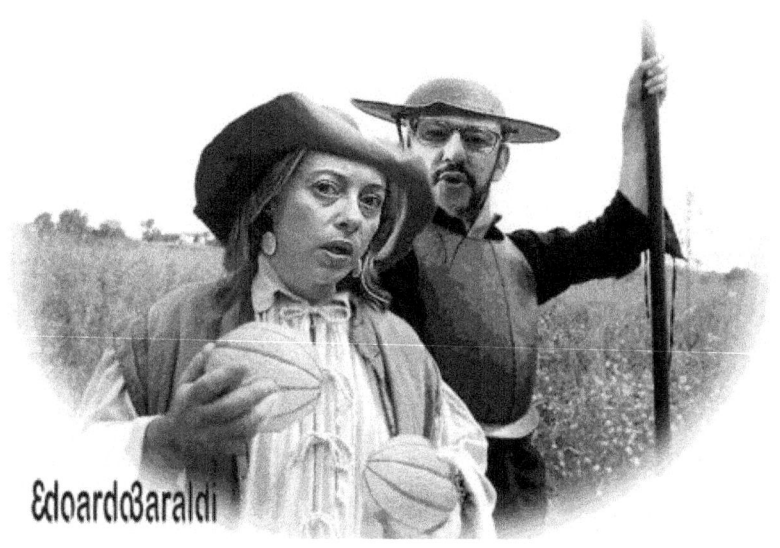

Fonte della vignetta: Edoardo Baraldi[8].

domenica 17 maggio 2020

---

8 https://www.facebook.com/edoardo.baraldi.9/posts/10219987553470545

Rifiuti anno zero

Andiamo con ordine per riconoscere quello che il Movimento Bonvicino di Francesco Ruggero ha fatto negli anni per attrarre l'attenzione delle autorità preposte, con corposi dossier, sulla mega discarica di Grotte San Giorgio. Non è avvenuto, infatti, solo per l'impegno a livello locale della consigliera Maria Cunsolo, che ha sempre cercato di richiamare l'attenzione sull'estensione della discarica e sui rischi per la salute causati dell'inquinamento dell'aria proveniente, anche, dal polo industriale di Priolo. Ma anche grazie ad altri movimenti che hanno detto la loro, partendo dalla vicenda Armicci (il Coordinamento "No discarica Armicci") e a singole personalità con posizioni tanto argomentate ed efficaci da travalicare i confini della città.
Prima la Commissione antimafia nazionale e poi quella regionale si sono occupate del ciclo dei rifiuti e delle miniere d'oro a cielo aperto. Ci sono pagine e pagine da leggere per rendersi conto del grande affare della munizza, dalla raccolta allo smaltimento. Non solo i Leonardi sono finiti in tutte le prime pagine dei giornali, anche i Quercioli: i signori storici dello spazzamento della città Aretusea (Siracusa) ed ultimamente della città di Gorgia (Lentini).
Nel tempo, quel costone lussureggiante di verde intenso dall'odore di zagara viene trasformato in un serpentone nero

che si vede in lontananza e che produce ricchezza. Una ricchezza accumulata che produce altra ricchezza in altre attività, come nel calcio maschile e femminile. Una ricchezza che viene utilizzata anche per corrompere funzionari pubblici e mantenere rapporti con la mafia.

Nel momento in cui i Leonardi pensavano di fare il salto in avanti per entrare nei "salotti" che contano della città du Liotru (Catania), sono scivolati e finiti in mezzo alla miniera d'oro e di euro, travolti dal volto della Legge che andrà avanti per accertare responsabilità, complicità e connivenze. Un impero che andrà gestito al meglio dagli amministratori nominati dalla Procura per non buttare sul lastrico i dipendenti e dare delle risposte ai Comuni, evitando di metterli in crisi per lo smaltimento dei rifiuti. Un tema, questo dei dipendenti, che riguarda altre aziende ubicate nel territorio in amministrazione controllate.

Tutto ciò in attesa che si discuta a livello regionale il Piano dei Rifiuti che, da quello che ho potuto leggere, non è attendibile, in quanto manca della pianificazione degli impianti per provincia e dei finanziamenti per realizzarli. Il governo Musumeci deve fare in modo di trovare il tempo di occuparsi del ciclo dei rifiuti per presentare un volto diverso della Sicilia. E di non pensare al Ponte, perché c'è tempo, c'è tempo per ogni cosa.

sabato 6 giugno 2020

Paghi e salti

L'assessorato alla salute ha disposto che le direzioni sanitarie degli ospedali e dei distretti predispongano i piani per l'avvio degli interventi chirurgici e delle visite specialistiche dopo il blocco causato coronavirus.
Dalle notizie che si hanno sembra che si stia faticando molto a recuperare, anche per mancanza di personale e per una insufficiente rete informatica.
Si stenta a recuperare e si allungano all'infinito le nuove prenotazioni.
La soluzione potrebbe consistere nell'accompagnare i piani con dei progetti incentivanti, finalizzati all'azzeramento delle liste d'attesa per le specialistiche; mentre per gli interventi chirurgici, sempre nelle stesse forme incentivanti, in rapporto alle liste d'attesa e al personale disponibile.
Questa è una delle tante soluzioni che sono state messe in campo in alcune aziende sanitarie sparse per lo stivale e che bloccherebbe lo scandaloso fenomeno dell'intramoenia.
Si racconta che in questo periodo di difficoltà il "paghi e salti" si pratichi anche nelle nostre strutture sanitarie pubbliche.
Ma questi non sono eroi...

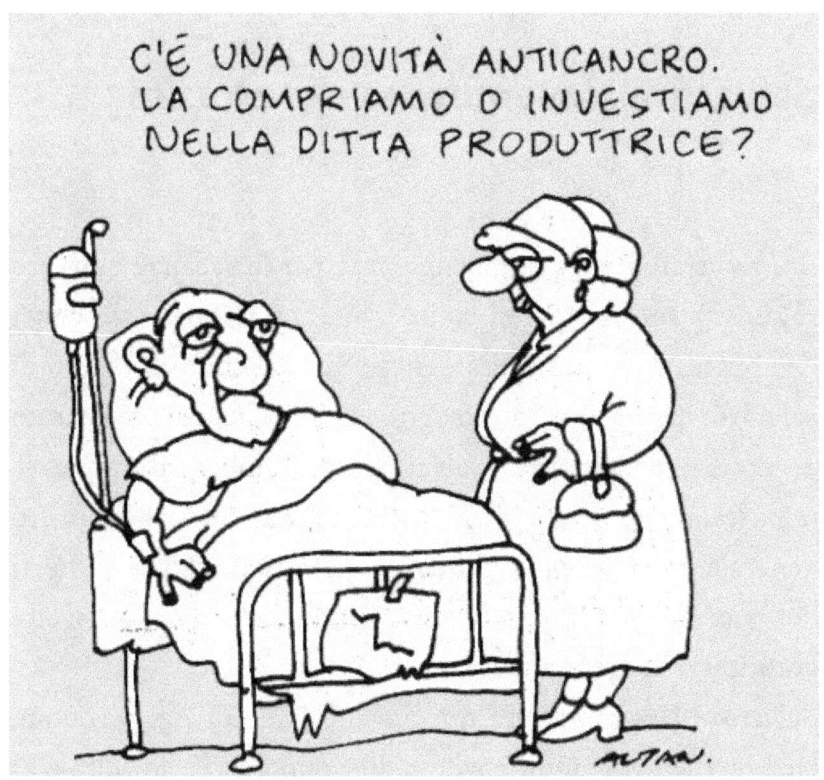

Aggiornamento del 24 giugno 2020, ore 09:03: "L'assessorato alla salute – invece di autorizzare i progetti finalizzati al recupero delle lunghe liste d'attesa – ha autorizzato l'esercizio dell'intramoenia". Siamo alle solite: chi ha si cura, chi non ha può attendere. Se prima non muore.

mercoledì 24 giugno 2020

Salvatore Novembre aveva 20 anni

Ero rientrato da pochi giorni a casa per le vacanze e mi ero recato in sezione per il solito appuntamento serale con i compagni, dopo mesi di assenza. Non ho avuto il tempo di salutarli, quando mi hanno detto che la polizia aveva sparato e ucciso il giovane Salvatore Novembre durante la manifestazione svolta in via Etnea, a Catania, per lo sciopero generale indetto dalla Cgil. Lo sciopero fu deciso per i morti del giorno prima di Reggio Emilia e contro la svolta autoritaria del governo Tambroni.
Salvatore Novembre era un giovane edile di Agira (Enna). Una terra di contadini poveri, edili, minatori dello zolfo e di emigrati in Germania. Anche da Nicosia partivano a flotta per Prato, Torino e Stoccarda, con il paese che si spopolava e che si impoveriva perché perdeva la migliore forza lavoro. Anche la sezione ne risentiva per la perdita dei compagni più attivi e impegnati nella attività del partito e del sindacato.
Salvatore Novembre faceva il pendolare insieme ad altri suoi compaesani per andare a lavorare a Catania. Ogni lunedì mattina alle 6 prendeva la corriera che proveniva da Nicosia per far ritorno a casa il sabato sera. Oltre la fatica del lavoro, il lungo e stancante viaggio su vecchie e malandate corriere su strade impercorribili. Il viaggio durava non meno di 3 ore

con qualche fermata dovuta al malore del passeggero di turno.

Ne so qualcosa, per le tantissime volte che sono salito su quei rumorosi mezzi a nafta verso la città etnea, per poi proseguire alla volta di Messina. Alla fine del lungo viaggio si era impregnati di nafta, di fumo di sigarette e suonati come dei pugili. Per riprendersi ci voleva del tempo, prima di essere attivi per il lavoro o lo studio.

Su quegli autobus viaggiavano prevalentemente lavoratori e studenti. Un incrocio che ritroviamo nel corso delle manifestazioni di luglio per la libertà e il lavoro, contro ogni forma di sfruttamento. Giovani lavoratori e studenti insieme per e farsi comprendere non solo dal sindacato, ma dalla società che bisognava cambiare. Una nuova generazione in campo dopo quella della primavera del 25 aprile 1945, denominata "la generazione delle magliette a strisce".

Una generazione non ideologica, gioiosa e piena di ideali. Una generazione che si è trovata nel mezzo tra quella uscita dalla Liberazione, fortemente legittimata, e quella ideologica del '68. La generazione dell'eskimo innocente, Guccini, e del potere nel sangue come si è visto nel tempo. Con una visione non di recupero del passato, ma di cancellazione, come se loro fossero spuntati fuori dalle irrequietezze degli dei dell'Olimpo. Con tutte le difficoltà del periodo, senza ideologismi e velleitarismi, la generazione delle magliette a strisce in quei dieci giorni di sommovimenti che scossero il Paese ha contribuito con il sangue e l'impegno ad aprire una nuova pagina di libertà e una svolta sul piano del costume e della politica. Salvatore Novembre aveva 20 anni.

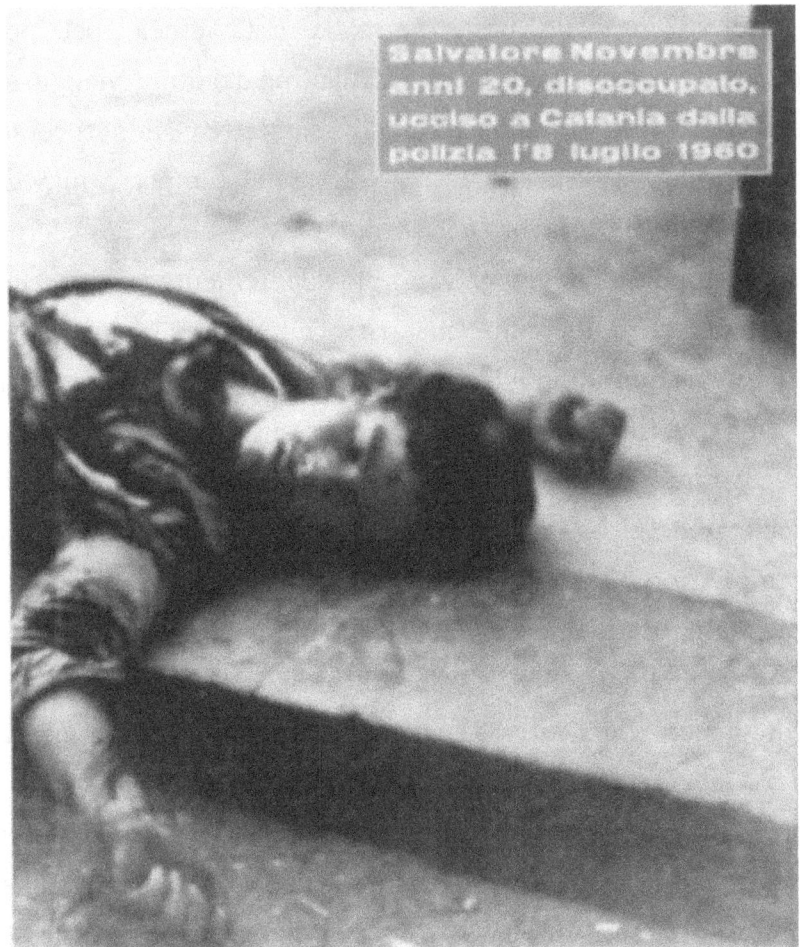

Salvatore Novembre - Catania 8 luglio 1960

martedì 7 luglio 2020

La generazione delle magliette a strisce

Luglio 1960. Appartengo alla generazione delle magliette a strisce. Le magliette dai tanti colori del boom economico, del paese che cambiava nelle famiglie e nel vivere comune.
Si viveva gioiosi e liberi, non lontani però dalle storie collettive di un paese che voleva andare oltre alle convinzione del tempo, chiuse e conformiste. Lo richiedeva la società che cambiava, i lavoratori nei posti di lavoro, l'affacciarsi di nuove tendenze culturali nel campo dell'arte e in particolare della musica, negli stili di vita.
La risposta a questi fermenti non poteva essere il governo Tambroni, appoggiato dal MSI di Michelini, ma l'apertura di una nuova stagione politica. Spazzato via il governo Tambroni dall'indignazione popolare, la Democrazia Cristiana, avendo compreso la lezione, avvia un nuovo corso che si concluderà con la nascita, dopo i governi Fanfani e Leone con l'astensione dei socialisti, del primo governo di centrosinistra. Un passaggio non indolore, ma ricco per il livello della discussione nei partiti, nelle forze sociali e nella stessa Chiesa, non solo per la novità dell'incontro tra le forze democratico-cattoliche e i socialisti, ma in modo specifico per la natura e i contenuti delle riforme necessarie ai lavoratori e all'intero paese.

Con il luglio del 1960 emerge un'altra Italia, più moderna e laica, meno vecchia e chiusa. Anche se il prezzo pagato in vite umane è stato alto con feriti e arresti. Un prezzo pagato alla democrazia nell'alveo dei valori della Resistenza.

In dieci giorni, dieci morti, dal 30 giugno al 9 luglio, per la dura repressione messa in atto dal governo Tambroni contro i lavoratori e gli antifascisti militanti. Manifestazioni che sono state animate dalla presenza massiccia di giovani lavoratori e studenti e caratterizzate dai colori delle loro magliette a strisce. Una partecipazione che stupì anche il sindacato. Una gioventù gioiosa, con ideali e non ideologica.

La scintilla dei dieci giorni che hanno scosso il paese parte da Genova, la mattina del 30 giugno, per l'annuncio del congresso del MSI che si doveva tenere nei primi di luglio. Le cronache parlano di una città paralizzata per giorni e di scontri con la polizia a piazza De Ferrari. Un clima che con il passare delle ore si faceva sempre più infuocato e che si estendeva dal Nord al Sud dello stivale.

La prima delle vittime, giorno 5 luglio, è a Licata, provincia di Agrigento, nel corso di una manifestazione popolare per la centrale elettrica. Alla notizia che non si sarebbe più realizzata l'intera cittadina scende in piazza con in testa il sindaco democristiano. La polizia prima contiene e poi spara, uccidendo Vincenzo Napoli di 23 anni. Il 7 luglio seguono i cinque morti di Reggio Emilia. Sono tutti operai, tre giovani e due padri di famiglia di 40 anni. Sono morti nella loro città, Medaglia d'oro alla Resistenza, in una serata calda di luglio.

Alla notizia, la sera stessa, la segreteria nazionale della Cgil proclama lo sciopero generale per l'indomani, 8 luglio, dalle ore 14 alle 20. Uno sciopero riuscito con l'ombra della defezione della Cisl e della Uil, ma non dai loro iscritti e dai quadri locali. Una defezione inspiegabile che ha pesato non poco nei rapporti unitari, ripresi con fatica dalle realtà lavorative e dal territorio.

Quando la giornata dello sciopero generale stava per concludersi, senza incidenti, giungeva la notizia che a Palermo una donna affacciata alla finestra e due operai edili, Andrea Gangitano e Francesco Vella, venivano uccisi dagli spari della polizia. Non era passata più di un'ora dai morti di Palermo che a Catania il ventenne Salvatore Novembre, di Agira, veniva lasciato a terra con tre colpi di pistola calibro 9, mentre cercava di proteggersi dietro una porta.

Salvatore Novembre non solo apparteneva alla mia stessa generazione, ma era anche della mia stessa provincia. Una provincia di emigrati e di pendolari, chi per lavoro e chi per studio. Se fosse rimasto in vita di sicuro ci saremmo incontrati in qualche cantiere edile, vicino al suo comune, nel periodo della costruzione dell'autostrada A 19 CT-PA. Una morte assurda come alle altre, nei dieci giorni che scossero il paese per spazzare via la nube dell'avventura reazionaria e aprire una nuova pagina nella storia di questa nostra Italia.

Questo articolo è stato fatto circolare per la prima volta il 16 marzo 2011, all'interno del social network FaceBook. Girodivite abbraccia tutti i ragazzi e le ragazze delle magliette a strisce che in tutto il mondo lottano per la libertà.

domenica 3 luglio 2016
giovedì 9 luglio 2020

Due romanzi e un saggio: Pezzali, Auci, Reichlin

Rintanato in casa per proteggermi dal caldo e dal visus, ho avuto tutto il tempo di leggere due romanzi e un saggio di economia, scritti da tre donne intelligenti. Ci sono, e come se ci sono! Anche se spesse volte vengono ignorate per una presunta superiorità dell'uomo sulla donna. Siamo ancora in tempo.
Il primo è "Lealtà" di Letizia Pezzali con una importante esperienza nel mondo degli affari che ritroviamo anche nei romanzi "I leoni di Sicilia" di Stefania Auci e nel saggio di Lucrezia Reichlin. Un filo conduttore li lega: la complessità delle società in cui sono collocate le storie e il mondo degli affari.
L'opera della Pezzali è un romanzo incentrato sul potere, sulla natura del desiderio e sul bisogno di un nuovo linguaggio. "Il desiderio non si impara. Ognuno tira fuori quello che ha. Esce a tratti, basta un niente. Da quel momento sappiamo la verità: vogliamo certe cose e non altre". In un mondo sempre più complicato nella vita di ogni giorno e nei rapporti personali. E un nuovo linguaggio, per meglio comunicare e uscire dal vuoto che tante volte ci avvolge. "Non sempre ci si riesce a tenere duro, la tensione

ogni tanto lascia spazio al pianto e al gelo. In questo caso innamorarsi può essere utile".

Il romanzo della Auci, "I leoni di Sicilia" ci parla della famiglia Florio. Si legge tutto di un fiato: è scritto bene, in un incalzare di avvenimenti che parte dall'arrivo a Palermo da Bagnara Calabra, nel 1799, dei fratelli Paolo e Ignazio Florio. I loro volti erano segnati dalla povertà più nera, ma con la volontà di uscire dalla miseria con il lavoro e l'estro commerciale. Un'ascesa commerciale e sociale in una Sicilia disperata e piena di contraddizioni politiche. I fratelli hanno iniziato con la commercializzazione delle spezie, per arrivare allo smercio del cortice e della seta, dello zolfo e del sale, dal vino al tonno. Non c'erano attività che non vedessero coinvolti i Florio, con una flotta di bastimenti che solcavano i mari. Una famiglia segnata anche dal dolore e da vicende famigliare non sempre liete.
L'autrice del romanzo riesce ad immergersi in quel mondo attraverso una ricerca accurata e anni di studi. Ci riesce in modo mirabile e coinvolgente. Ogni capitolo è preceduto da una scheda che contestualizza gli avvenimenti nel corretto periodo storico dell'Italia e della Sicilia, così da non far smarrire il lettore. C'è la famiglia Florio e ci sono gli anni inquieti della Sicilia.
Infine, il saggio della Reichlin ci racconta i nostri giorni, quello che stiamo attraversando e patendo. E va oltre, richiamandoci a costruire un programma che ponga le basi

per una crescita duratura. Senza, non ne usciremo. Purtroppo non ne siamo convinti a causa delle troppe lacerazioni sociali e politiche. Senza una solida ricucitura non si andrà da nessuno parte e saremo i vigilati d'Europa. Bisogna lavorare in questa direzione e coinvolgere i vari segmenti della società su idee e progetti, nel massimo della trasparenza. È fondamentale questa trasparenza "per riaccendere la fiducia della società che deve essere protagonista del cambiamento".
Ps. I prossimi libri: Graham Allison "Destinati alla guerra" Possono l'America e la Cina sfuggire alla trappola di Tucidide? Alessandro Aresu "Le potenze del capitalismo politico: Stati Uniti e Cina".

Lucrezia Reichlin pubblica i suoi editoriali sul Corriere della Sera. Gli ultimi che segnaliamo: Crescere è questione di regole[9] del 14-15 agosto 2020, Crescere (Ma senza infelicità)[10] del 19 febbraio 2019.

lunedì 17 agosto 2020

---

9 https://www.corriere.it/editoriali/20_agosto_14/crescere-questione-regole-0d86b40e-de6b-11ea-9116-3222a39f46e4.shtml
10 https://www.corriere.it/opinioni/19_febbraio_23/crescere-ma-senza-infelicita-24e64ef0-37a7-11e9-8878-6501931868b1.shtml

La Fiat, Berlinguer e le menzogne

Ho vissuto la vicenda della Fiat a livello istituzionale, come componente della commissione industria della Camera. Ricordo gli aggiornamenti quotidiani del mitico dirigente sindacale e politico Emilio Pugno, che difese la fabbrica dal tentativo di distruzione dai tedeschi. Pugno fu successivamente licenziato per rappresaglia da parte un altro manager da beatificare: Vittorio Valletta.

Non sono i paradossi della vita, ma le scelte che si fanno. Emilio scelse e si distinse quale uomo libero che era. I racconti di quei giorni erano puntuali e mai scontati.

E su questo vorrei dire subito che Berlinguer senza la decisione del comitato federale di Torino non sarebbe mai andato di fronte ai cancelli della fabbrica. «Andò su esplicita richiesta del comitato federale». Questo Fassino non l'ha mai detto, come non ha mai smentito il falso di Romiti su Berlinguer. In un'intervista ai giornali Romiti dichiarò che «il segretario del PCI andò ad incitare i lavoratori a occupare la fabbrica». Niente di più falso. I filmati e l'audio riportano la risposta di Berlinguer – su una domanda di un operaio – rispetto a come il PCI si sarebbe comportato in caso di occupazione. Berlinguer disse: «Noi saremo sempre dalla parte dei lavoratori, ma questo è un compito che non ci compete, la decisione la dovrà prendere il movimento sindacale discutendo con i lavoratori».

Sulla vertenza ci sono altre cose che non si dicono, in particolare il ruolo del governo e l'intervento di Pertini direttamente su Gianni Agnelli per una mediazione che evitasse i licenziamenti; nonché l'introduzione della cassa integrazione. L'altro tentativo di falso, smentito da Pugno in commissione, riguarda l'ipotesi secondo cui i comunisti volessero la nazionalizzazione. Non eravamo su questo terreno, ma su quello della presentazione di un piano strategico che tenesse conto di ciò che stava avvenendo nel mondo dell'auto a livello planetario. Ma i piani non si vedevano e il Gruppo Fiat si distingueva per le continue richieste di finanziamenti, anche a fondo perduto. Non servirà andare lontano con la memoria: Termini Imerese qualcosa ci dovrebbe insegnare. Novelli ha ragione: il declino della Fiat inizia con Romiti.

«Sarà beatificato per falsità, il declino Fiat partì con lui»: Intervista a Diego Novelli. L'ex sindaco Diego Novelli ricorda Cesare Romiti e la vertenza del 1980: altro che marcia dei 40mila, in: Il Manifesto, 19 agosto 2020[11].

mercoledì 19 agosto 2020

---

11 https://ilmanifesto.it/sara-beatificato-per-falsita-il-declino-fiat-parti-con-lui/

Una visita guidata in contrada Scalpello (Lentini)

Sabato 5 settembre 2020 dalle ore 09:30 alle 12:30 - Contrada Scalpello (vecchia strada per Catania, primo incrocio a sinistra, alla fine delle curve dello "scursuni") - Evento organizzato da Luigi Boggio.

Per dare continuità agli sguardi sul territorio, nella mattinata di Sabato 5 settembre, alle 09.30, si terrà una visita guidata in contrada Scalpello per ammirare il luogo che si affaccia sul Lago.
La partecipazione è individuale e libera. Si raccomanda la mascherina, mantenere la distanza fisica, un copricapo o un ombrellino multicolore per proteggersi dai raggi solari e l'acqua per dissetarsi. Il racconto non è nelle parole ma nel rapporto di ognuno di noi con la natura, per il rispetto dell'ambiente.
Fate girare con la condivisione, grazie e buona giornata.

Si può fare un articolo senza andare sul luogo, utilizzare il lavoro degli altri, scrivere anche delle inesattezze con il patetico finale delle barricate. Sabato non ci saranno barricate, ma una semplice visita guidata con i tanti volti che con i loro occhi vorranno vedere un luogo che un domani non vedranno mai più, se continuerà la politica delle discariche a cielo aperto e del malaffare.

Sarà una presa di coscienza di un bene che ci appartiene e che vogliamo tutelare e migliorare, con tanto verde. Quella distesa immensa di terreno nudo che vedremo, invece di rifiuti, potrebbe ricevere migliaia di alberi per farne una foresta su un'altura che vede il Lago.

Il significato della visita è proprio questo: vivere insieme un momento di alto valore civile in un modo semplice e lieve, con la mascherina in una parte del volto e gli occhi liberi di guardare, così da costruirsi un proprio pensiero. Che poi è quello che conta.

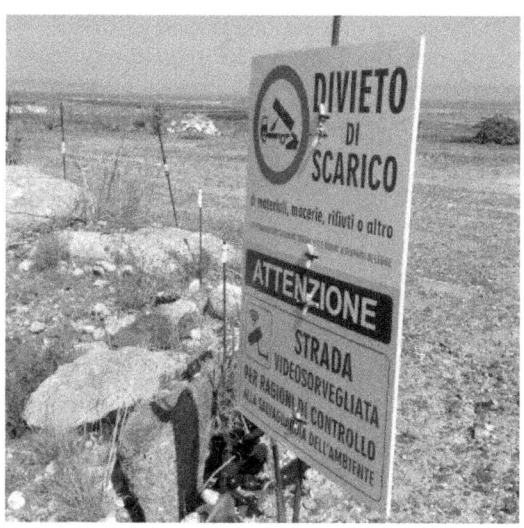

Contrada Scalpello - Lentini - particolare

L'espansione di San Giorgio verso contrada Scalpello[12]

Coordinate Google (all'incirca): 37,342867, 15,010586

mercoledì 2 settembre 2020

---

12 https://www.girodivite.it/L-espansione-di-San-Giorgio-verso.html

Volti rubati alla tv

Dopo Calenda che si è autocandidato per partecipare alle amministrative di Roma, della prossima primavera non poteva mancare la discesa in campo di Vittorio Sgarbi, che ha terremotato il palinsesto televisivo del centrodestra, il quale avrebbe dovuto presentare molti nomi noti dello schermo alla fine di novembre. Alla presentazione ci sarà lo stesso con Sgarbi in panchina, in attesa di entrare per qualche condominio di piazza Navona a Roma.
Sempre a Roma e non altrove.
Mentre i volti noti, cioè quelli che bucano il video, sono stati collocati: Giletti nella città natale di Torino, non più a Roma, mentre nella Capitale dovrebbe andare Porro, che conosce bene gli ambienti neroverdi romani. La sorpresa non è Del Debbio nella capitale finanziaria Milano, ma Mario Giordano a Napoli soprattutto per fare un dispetto non a De Magistris in uscita, ma al presidente De Luca. Che alla notizia si è molto compiaciuto e che si prepara per l'accoglienza con un bel vassoio di babà alla crema. Per essere precisi, avrebbe preferito una bella torta d'iris, ma a Napoli non fanno.
Da questo gruppo resta fuori Feltri che potrebbe essere sostituito da Borgonovo, quello dal viso triste.
Nel centro sinistra caos calmo. Stanno cercando, dato che nessuno dei big vuole rischiare: stanno bene dove stanno. Per

loro Roma non è qualcosa in più rispetto ai posti che attualmente occupano. L'Europa è meglio di Roma o di altre città. Nel caos calmo spunta Calenda che senza il gradimento del centrosinistra non andrà da nessuna parte, con il rischio di finire come l'uomo di Renzi nella terra di Puglia.

Ma la Raggi con le stelle cadenti cosa farà? Si ripresenterà, oppure si ritirerà come la sindaca Appendino di Torino. Nel firmamento stellato molte cose potrebbero accadere se decidessero di aprire al Partito democratico per fare un ragionamento di coalizione per le città che andranno al voto in primavera. Staremo a vedere, ma si debbono sbrigare, in quanto il centro destra è già pronto a partire con la presentazione del palinsesto televisivo di primavera. Nomi noti, schermi bucati, tante parole, ma manca una donna, che potrebbe essere Barbara D'Urso.

mercoledì 14 ottobre 2020

Lo spettro che si aggira tra di noi

Non vi nascondo che sono confuso e in alcuni momenti subentra anche la paura. Lo spettro della paura si aggira su tutto il globo a causa di questo virus silenzioso e subdolo che miete vittime, in particolare tra la popolazione anziana. La più fragile, insicura e sola. L'insicurezza ci domina e ci fa smarrire.

Non sappiamo cosa fare per i troppi messaggi contraddittori ed anche terroristici. Ma quello che preoccupa non è solo la nostra condizione, ma soprattutto la divisione che regna nelle istituzioni e nel mondo della politica, e che poi ritroviamo nella società. Siamo a brandelli, in un momento doloroso con il quale bisognerà convivere per molto tempo ancora, con intelligenza e rispetto per il prossimo.

Non c'è alternativa, se non il rispetto di noi stessi e delle regole. Un segnale forte, non più rinviabile, dovrebbe arrivare dal governo per un confronto quotidiano con la maggioranza che lo sostiene e l'opposizione. Soprattutto in questi momenti si dovrebbero mettere da parte le asprezze e dimostrare che bisogna percorrere lo stesso cammino verso un'unica meta, che è l'interesse del paese.

C'è l'interesse reale della condizione economica e sociale, del vivere civile e democratico. Alcuni segnali di malessere sociale stanno venendo fuori, per evitare che si propaghino bisogna correre ai ripari, con interventi di sostegno, mirati nel tempo e congrui. Bisogna camminare speditamente e, mentre si cammina, bisogna pensare all'utilizzazione di fondi europei e a come organizzare i comparti strategici, partendo dalla formazione e dalla ricerca.

Sulle criticità della sanità andrebbe fatto un discorso più approfondito: non c'è soltanto la carenza del personale medico e paramedico, ma anche il tema delle forme di governo delle aziende. Bisognerebbe fornire loro un nuovo volto, con controlli più incisivi. Lo stesso dovrebbe valere per la medicina territoriale che è stata sempre trascurata in favore della centralità degli ospedali, facendo venire meno il concetto di prevenzione e cura, ovvero l'anima di una moderna medicina territoriale che dovrebbe progredire con il supporto dei medici di famiglia che spesso – per non dire sempre – vengono dimenticati nella elaborazione delle politiche sanitarie.

In questi momenti non mancano le telefonate e i commenti tra amici per rimanere informati. Pomeriggio: "Come stai? Io mi difendo come posso"; "anch'io, ma non ti nascondo che il demone della paura si presenta". "Ed è sempre in agguato", gli ho risposto.

domenica 25 ottobre 2020

Cronaca di un viaggio

Ieri, dopo l'ultima visita dello scorso anno, sono andato al cimitero di Nicosia per riconciliarmi con i miei genitori e mio nonno Luigi, vittima della spagnola all'età di 58 anni.

Andarci spesso mi viene difficile a causa della distanza e la poca praticabilità delle strade, ridotte in condizioni disastrose. All'andata sono passato da Leonforte, al ritorno da Agira. Non vi descrivo la pericolosità e il dissesto delle due strade, piene di buche e di piccole frane. Sulla Leonforte-Nicosia ne ho contate oltre 20, segnate non con i soliti cartelli stradali, ma con una innovazione che mi è difficile descrivere. Da quello che ho potuto capire, si tratta di una "grattata" con la ruspa attorno alle buche e ai piccoli avvallamenti per segnalare il pericolo. Mentre le piccole frane non protette si lasciano ammirare nella loro piena libertà di muoversi, in particolare quando piove.

Queste opere del disinteresse le ho potute ammirare grazie alla giornata luminosa e splendida.

In compenso, il panorama toglieva il respiro, in particolare nel tratto del superamento della cresta, circondata da colorate pale eoliche che fendevano l'aria in un insolito fruscio. Mentre le pale giravo e il sole lanciava i suoi raggi luminosi sulle Madonie, il Campanito con i Nebrodi e la lontana Etna, i miei pensieri andavano verso tutte quelle classi dirigenti che hanno governato la Sicilia e le nostre comunità senza comprendere le potenzialità e il valore di questi luoghi.

Non sapremo mai quando questo tratto della Nord-Sud verrò realizzato, ma contro l'Anas bisognerebbe alzare le barricate per imporle quantomeno la sistemazione dell'attuale percorso, così da metterlo in sicurezza e migliorarne la percorribilità.

Non si chiede la luna, ma il diritto ad una mobilità sicura.

Per la strada che porta ad Agira il discorso è diverso, trattandosi di una strada provinciale con competenze del Libero Consorzio, in crisi sistemica come tutti gli altri grazie al capolavoro del governatore della rivoluzione gentile, alias Crocetta da Gela. Ma questo non può significare l'abbandono di una strada vitale per le aziende agricole delle contrade e i comuni viciniori. Anche su questo tratto di strada bisognerebbe richiamare l'attenzione del governo regionale per avere delle risposte certe e non rinviabili.

Le zone interne, senza un sistema viario sicuro e facilmente percorribile, avranno sempre difficoltà nel mettere in mostra le bellezze dei luoghi e le loro opere d'arte. La mobilità, come la sanità, la formazione, le sedi della giustizia e le nuove tecnologie, per comunicare in un mondo globale sono essenziali. E sono fondamentali per una politica di sviluppo. Si capirà? Ancora si è in tempo.

martedì 27 ottobre 2020

Diciamo le cose come stanno

Diciamo le cose come stanno, senza girarci intorno, per non lasciarci confondere dai soliti virologi, opinionisti, politici che viaggiano da una rete televisiva all'altra. Sono dei formidabili maratoneti del movimento e della parola. Talvolta si incartano perché non possono andare oltre alla realtà del momento per la poca conoscenza del virus.

Si naviga a vista in attesa del vaccino ma, in alcune trasmissioni, il navigare diventa il momento degli opinionisti d'assalto che partano dalla "conoscenza del virus" per arrivare alla demolizione del governo. Siamo passati da chi parlava di dittatura sanitaria a chi dice che il governo ha dormito. Che ci siano delle lentezze da parte del governo non ci piove, ma all'arrivo dell'estate ognuno di noi ha provato un sospiro di sollievo nel prendere una boccata di ossigeno o facendo un bagno in mare, ad eccezione dei bravi opinionisti, che si sono rinchiusi in qualche convento per mantenere a distanza il virus e gli amici.

C'è stato bisogno, si deve capire, di qualcosa per mantenerci vivi, ma anche tenere presente, quello che non dicono, che ci sono state le elezioni in ben sei regioni che hanno infuocato le polemiche e gli scontri. C'è stato un momento in cui il virus sembrava scomparso per fare posto al risultato: 5 a 1, 4 a 2... per poi finire 3 a 3. Con il risultato 5 a 1 il governo sarebbe dovuto andare a casa; con il 4 a 2 non il governo, ma Zinga; con il 3 a 3 Zinga e Conte sono rimasti al loro posto.

Nella drammaticità il governo resiste, perché la destra non è riuscita ad avanzare delle proposte alternative. Non solo: non è stata capace di produrre un atto parlamentare per la formazione di una commissione di indirizzo e di controllo dei provvedimenti del governo. Il tentativo, su sollecitazione del presidente della Repubblica, stanno cercando di farlo i presidenti di camera e senato. Ritengo che sia una cosa utile, anche per svelenire il clima di contrapposizione ed avviare un cammino nell'interesse del Paese, perché sono giorni tristi di morte e di sofferenze.

Si muore senza lo sguardo di un volto amico, si muore tra le onde per raggiungere una sponda su cui aggrapparsi. Si soffre per il precipitare delle condizioni economiche, si soffre perché non si vede la luce. In questo scenario non abbiamo altra scelta che essere solidali ed avere rispetto di noi stessi e degli altri, per fare emergere un forte sentimento di umanità. Siamo degli umani in un pianeta che ci ospita.

domenica 15 novembre 2020

Dentro la catastrofe

Mentre il presidente della Repubblica Mattarella cerca di unire, la presidente del Senato si erge a capo dell'opposizione, creando lacerazioni e un clima infuocato durante conduzione dei lavori in aula.
Si assiste a scene che non si dovrebbero mai vedere, soprattutto in periodo di profonda catastrofe sociale a causa della pandemia. Le lunghe code dei nuovi poveri in fila per un pasto caldo, che abbiamo visto a Milano, si vedono a Catania, come in tanti altri comuni. Anche nei nostri comuni crescono le diseguaglianze e la povertà. Ne sanno qualcosa le parrocchie e tante altre associazioni che operano in silenzio per venire incontro a chi chiede qualcosa per sfamarsi e sfamare i propri figli. I bisogni sono tanti e non sempre soddisfabili per mancanza di alimenti o di risorse finanziarie.
Ci sono famiglie che vivono alla luce delle candele, al freddo e senza nessun conforto. Siamo dentro ad una catastrofe sociale e umana che non ha precedenti. Bisognerà uscirne con l'aiuto del vaccino, ma anche con una politica di ampio respiro che sappia utilizzare con intelligenza i fondi europei.
L'eventuale fallimento sarebbe un guaio anche per il nostro alto debito, che diverrebbe sempre più pesante. Sarebbe un macigno insopportabile sulle spalle di pochi in un paese di

vecchi, di pochi giovani al lavoro e di tanti altri in fuga per il Mondo. Uno scenario di una nazione ripiegata su se stessa, rattrappita, triste e sfiduciata.

Per quello che vedo nei palazzi della politica e nel parlamento, non credo che si capisca. Proprio nei momenti drammatici le forze che si combattano per non fallire dovrebbero trovare un confronto sereno e costruttivo. Nella catastrofe chi pensa di uscirne vincente si sbaglia di grosso, perché molte cose cambiamo nei rapporti sociali, negli umori e nei sentimenti delle persone. Non solo l'opposizione dovrebbe cambiare atteggiamento, ma anche il governo, aiutato dai presidenti dei due rami del parlamento. Quello della Camera, Fico, sembra un pesce fuor d'acqua, mentre quella del Senato, Casellati, invece di badare al governo dell'aula con imparzialità e saggezza, in molte occasioni si erge a capo dell'opposizione facendo a gara con Salvini.

Nutro una speranza che a salvare questo Paese sia ognuno di noi con senso di responsabilità e comprensione della realtà, mettendo da parte egoismi, intolleranze e rispettandoci. È un sogno, può darsi. Ma non è proibito sognare.

Tanto che lo trasformerò in realtà, vaccinandomi quanto prima. Per me stesso e per gli altri. La vita è un dono che non bisogna lasciarsi sfuggire.

sabato 19 dicembre 2020

In attesa dell'annuncio

Alle amiche e agli amici di fb, auguri. Avrei voluto farveli personalmente, ma non è stato possibile per il troppo impegno nel preparare il saluto di fine e inizio anno, dove annuncerò la mia candidatura a sindaco.

Prima, però, senza la condivisione dell'altra metà del cielo non dirò nulla, perché ci tengo tanto e poi senza il suo apporto non potrei valicare quel tratto di strada che mi separa dalla città di Gorgia e di Jacopo. Abito in una zona di frontiera e, anche per questo, dovrò tenere presente molte cose per unire. Non è facile, ma ci proverò.

Le possibilità ci sono, soprattutto per l'apporto che avrò dai cittadini/e della zona di frontiera, essendo in possesso della doppia cittadinanza. Ma prima di potermi muovere dovrò ottenere le giuste autorizzazioni: nel caso di mancato ottenimento non potrò nemmeno rivolgermi al TAR, non essendoci i presupposti giuridici.

A questo punto resterò dove sono e dal balcone continuerò a guardare la notte e le stelle e, durante il giorno, i monti Iblei, le pale eoliche che girano, l'Etna che lancia lapilli e ceneri e lo specchio d'acqua immobile del Lago. Ogni tanto, per non dire spesso, sento la voce dell'altra metà che mi ricorda che c'è il tempo passato, il tempo ritrovato e il tempo degli altri.

C'è tempo, in questo mare infinito di gente (Fossati), per impegnarsi per altre cause per la salute, per un ambiente pulito dalle discariche e avere uno sguardo attento per i tantissimi giovani che abbandono la scuola. E il discorso come finirà. Finirà con i pianeti allineati oltre ogni immaginazione, senza scomodare il passato per chi lo ignora.

venerdì 25 dicembre 2020

Il mio incontro con il partito che non c'è più

Ho incontrato quel partito che non c'è più dopo i fatti di luglio del 1960.
Avevo 18 anni, studente impegnato nel movimento studentesco con molti altri giovani che facevano parte della federazione giovanile comunista. La mia prima tessera, dopo vari incontri e discussioni dentro il circolo e fuori, sotto gli alberi di piazza Cairoli di Messina. Ho scelto di stare da quella parte trascinato dall'onda generazionale per la democrazia e non per la barba di Karl o per gli occhi vispi di Vladimir che ho potuto conoscere dopo per mezzo delle mie letture. Letture che integravo con gli scritti di Gramsci e l'Unità, per tenermi aggiornato.
Quell'onda è stata travolgente per un'intera generazione, definita "delle magliette a strisce". Le magliette dei tanti colori, del boom economico, del paese che cambiava nelle famiglie e nel vivere comune. Si viveva gioiosi e liberi, non lontani dalle storie collettive di un paese che voleva andare oltre alle convenzioni del tempo, chiuse e conformiste. Una gioventù piena di ideali e non ideologica (Edmondo Berselli). Una generazione che contribuì all'apertura di una nuova stagione politica grazie al suo impegno e ai suoi morti

causati dalla repressione della polizia nel corso delle manifestazioni.

Sono stato dentro l'onda. Poi, una scelta di vita nel sindacato e, in alcuni periodi, nel partito.

Nel sindacato, le dinamiche interne e il continuo contatto con le esigenze reali e quotidiane del mondo del lavoro, mi hanno fatto sentire sempre più libero; mentre nel partito i riti erano diversi e andavano rispettati. Qualsiasi discussione, anche la più accesa e dura, si doveva comporre sempre all'insegna dell'unità.

Ce ne sono state di drammatiche. Non dimentico quella sul giudizio da dare sul primo governo di centrosinistra e sui contenuti delle riforme, sul compromesso storico, sulla linea della fermezza contro il terrorismo e quella più tormentata sulla radiazione dei compagni del Manifesto. Discussioni interminabili e votazioni, perché spesso si votava. In quell'occasione ho votato contro la radiazione, sostenendo che i compagni avessero ragione sul giudizio nei confronti dell'Unione Sovietica. Lo strappo andava fatto per ritrovare una nostra piena autonomia e svincolarci dal quel peso, dato che i tempi erano maturi.

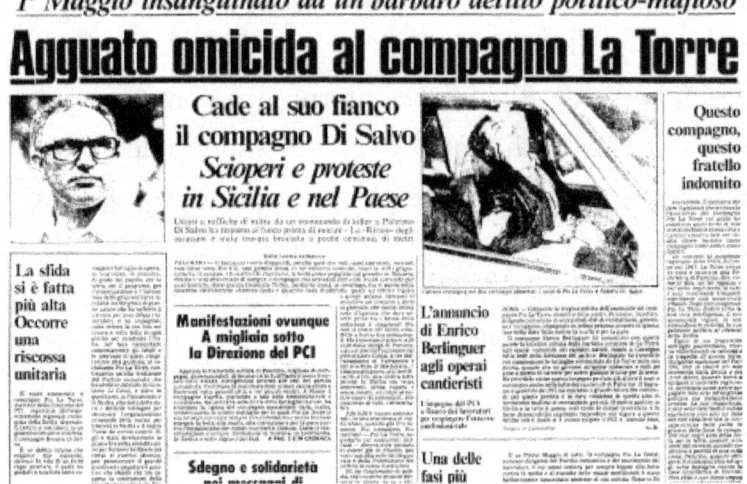

Prima pagina del quotidiano L'Unità, omicidio di Pio La Torre, 1982

La verità è che il cammino non è stato sempre lineare, ma non avrebbe potuto esserlo per le tante contraddizioni della società italiana: stare in un mondo diviso in due e tenere il partito unito. Non era sempre facile e qualcosa non reggeva più: tutto incominciò a scricchiolare dopo la morte di Berlinguer.

Si entrò in una fase di smarrimento e di confusione politica che portò, dopo la caduta del Muro, allo scioglimento del partito con degli eredi scomparsi nel tempo per delle politiche sbagliate e fusioni a freddo. Il Pci, nella tempesta del secolo breve e dei tanti volti, ha avuto il merito e la capacità di trasformare dei militanti senza scuola, figli di gente umile, in militanti istruiti, in rappresentanti politici e amministratori nei municipi e nelle aule parlamentari.

La scuola, la lettura, lo studio erano fondamentali per la crescita di una coscienza democratica e la conoscenza. Come non ricordare il minatore sindaco di Assoro, Pino Chirdo, il contadino Ciccio Guercio di Carlentini e il bracciante Giuseppe Di Vittorio di Cerignola. Il Pci era anche e soprattutto questo: sostenitore dell'emancipazione delle classi subalterne.

venerdì 22 gennaio 2021

Scusate il mio limite

Scusate il mio limite. Non ho capito più niente di ciò che sta accadendo in questo nostro martoriato Paese. Ma non da oggi. Il periodo risale al 2011, eravamo in pieno autunno, quando l'allora presidente della Repubblica Giorgio Napolitano diede vita, con una mossa ben studiata, al governo del professore Monti per salvare la nostra economia dal fallimento, come venti anni prima accadde con Amato e poi Ciampi.

Lacrime e sangue prima, lacrime e sangue dopo. Sempre tagli e sacrifici all'insegna dell'austerità, mentre i profitti crescevano e le diseguaglianze spaccavano ceti, famiglie e territori.

Nove anni dopo non avrebbe potuto mancare anche la pandemia. Un viaggiatore invisibile e letale che ci ha messo in ginocchio, con la speranza, se tutto andrà bene, di uscire tra qualche anno con il vaccino. I danni che sta provocando sono evidenti. La tristezza la si legge negli occhi e nel silenzio delle persone. Non si sorride più e non si odono le grida e il rumore gioioso dei bambini. Si vive nell'incertezza perché si stenta a darle un senso, nella solitudine che imprigiona.

Anche la politica decade e viene espropriata dal senso collettivo e partecipativo. Ciclicamente spuntano all'improvviso i salvatori, a causa del fallimento non solo del ceto politico dei partiti, ma dell'intera classe dirigente dislocata nei vari gangli della società italiana. Ma nel marasma vincono sempre i più forti, quelli che detengono ricchezze, soldi, potere. Quelli che vivono nell'oscurità, che hanno rapporti di qualsiasi natura, legali e illegali, che sanno manovrare uomini e affari. La democrazia ha anche degli aspetti inquietanti che non riusciamo a vedere perché lontani e non raccontati più da nessuno. I fatti ci sono, ma non vengono narrati come dovrebbero. Si sfiorano, s'inabissano, si oscurano, perché bisogna tenerli nascosti. La crisi investe anche tutto il sistema dell'informazione, ormai in mano a pochi potenti. Si nota maggiormente in questo periodo di crisi per la formazione del nuovo governo.

Mi viene da ridere quando leggo o ascolto che quasi tutti i partiti sono saliti sul carro del presidente incaricato Mario Draghi. Ma loro, su quale carro sono saliti, portati per mano dai loro potenti editori? Avevano anticipato i tempi venendo meno alla loro funzione di controllo che continua in modo servile, mentre altri giocavano attorno ad un tavolo, ignari che ci fosse un baro e che stesse per arrivare l'uomo della Provvidenza voluto dal Colle. È arrivato, i posti si stanno occupando per iniziare il viaggio.

All'uomo non mancano le capacità. Si vedrà sui programmi, sulla squadra di governo, sul rapportarsi con le forze sociali e il vasto mondo del volontariato, che sta dimostrando un alto senso di solidarietà umana nei confronti di chi soffre.

mercoledì 10 febbraio 2021

Pensieri sui marciapiedi

Non sempre, ma spesso cammino lungo le strade di confine tra Carlentini e Lentini. Nel mio vagare con passo lento guardo, osservo, scruto quello che cambia, quello che si degrada, quello che non si muove, sempre fermo, immobile o calante. Solo le automobili si muovono, rumorose e veloci. Anche qualche motorino o bicicletta motorizzata.
In questo andare, ogni tanto si incontrano persone che con le mascherine è difficile riconoscere. L'altro giorno mi sono dovuto scusare con una persona che non avevo riconosciuto. Entrambi eravamo ben mascherati e avanzavamo lenti verso casa. Un tratto in salita, per fortuna breve, che abbiamo percorso discutendo di salute e dei figli lontani. In questo periodo è difficile affrontare altri temi, per via della brevità del tempo che ci è concesso. Qualsiasi racconto ha bisogno di tempo, per le pause e per l'ascolto. Senza ascolto reciproco non ci può essere dialogo e confronto.
L'altro giorno, durante la mia solita passeggiata, mi ha fermato un signore che non vedevo da molto tempo. Ci siamo salutati ed abbiamo iniziato a chiacchierare, quando tutto ad un tratto mi ha posto una domanda che mi ha lasciato di stucco: «mi sa dire chi è l'urbanista che ha inventato i marciapiedi e il motivo per cui lo ha fatto? Guardando il loro utilizzo, direi che è stata un'invenzione inutile». «Per noi – ho

risposto – ma non per chi vive nei centri dove il decoro urbano viene curato e il pedone viene rispettato. I primi marciapiedi, deve sapere, per motivi igienici e per camminare sono stati realizzati a Londra nel 1762 e in alcune città francesi. Anche da noi i nostri bravi urbanisti dell'epoca li hanno messi sulla carta, disegnati e realizzati inizialmente nei centri storici. Ma col passare del tempo nelle città senza ordine sono stati trasformati in luoghi di depositi e vendita di merci. Uno spettacolo indecoroso che priva il pedone di camminare in tutta serenità e di evitarle lo slalom sopra e sotto i marciapiedi».

Sopra, sotto, di lato, a destra e a manca, sempre con gli occhi aperti e tanta serenità. Mai incazzarsi o imprecare, perché nessuno sente. Gli amministratori sono lontani e poi non camminano a piedi. Anche se li incontrassi, con tutta sincerità, non li riconoscerei, ma non sono il solo.
Però conosco i sindaci dei due comuni, sempre sui social e sui giornali per fornirci notizie sull'epidemia, sui rifiuti e sulla sanità. Sulle condizioni dell'ospedale e del distretto territoriale debbo riconoscere che sono informatissimi, più che sui rifiuti: materia ostica e rischiosa.
Sull'ospedale però sanno tutto. Sanno che da anni manca un direttore sanitario come si deve e che dall'inizio dell'epidemia è stato nominato un dottore in pensione con un compenso stratosferico che umilia qualsiasi primario di reparto. Conoscono i bisogni del distretto e dintorni. E sanno

anche come vanno le vaccinazioni e che ci sono lunghe file. Meglio sapere che non sapere, ma dei marciapiedi, caro signore, non saprei cosa dirle. Non vedono.

sabato 27 marzo 2021

L'astro e la sua ombra

Tutti ne parlano, anche i falsari. Viviamo in una terra triste con un ceto politico senza etica, responsabilità, dignità. Anche chi gli ruota attorno, associazioni e organizzazioni sociali, non sono di meno per qualche interesse di parte. Dalla fine del secolo passato all'inizio degli anni del nuovo siamo passati dal governo Cuffaro a quello Lombardo, dal governo della rivoluzione gentile di Crocetta a quello attuale di Musumeci, che sbanda in tutte le direzioni.
Anche la sua ombra, uscita dall'oscurità, ha lasciato posto ad un fascio di luce inquietante. Ad interim sarà il presidente a governare, anche la Sanità dopo i vari rimpastini fatti con scarso successo. Chiederne le dimissioni in questo periodo di violenta pandemia non sarebbe opportuno, ma pensarci per ridare la parola ai siciliani non sarebbe sbagliato.

Anche se non si vede una reale alternativa, che si potrebbe invece costruire con intelligenza e tanta buona volontà: sul territorio ci sono donne e uomini di valore, persone libere e non targate. Si dovrebbe partire proprio da qui per ripensare gli anni passati della subalternità di una certa sinistra ai vari governi, all'occupazione dei vari portaborse negli assessorati, e farla finita con la storia dei pupi e pupari.

Un'alternativa nelle idee, nei contenuti e nella responsabilità, nel segno dell'etica del rigore e di una moralità sostanziale e non di facciata. Stile, rigore, contenuti e partecipazione reale, con le varie espressioni della società. Solo così potremmo tirarci fuori dal degrado in cui siamo finiti a causa della cecità e degli interessi meschini.
Non solo falsari, ma anche bugiardi.
Una congiunzione perfetta, come l'astro e la sua ombra che dovranno rispondere ad ognuno di noi che abitiamo e viviamo in questo luogo circondato dal mare e ai piedi del vulcano infuocato.
Ad altri, come la magistratura, il compito di portare alla luce i fatti e fare i processi; a chi governa di trarre le dovute conseguenze; all'opposizione di fare l'opposizione. Mentre la società civile dovrebbe svegliarsi, perché molte cose in questa nostra Italia stanno accadendo che riguarda il presente.
Mi riferisco all'uso dei fondi europei, in quanto il Mezzogiorno – credo che la nostra terra ne faccia parte – non può fare la figura dello straccione con il cappello in mano.

mercoledì 31 marzo 2021

Non si affronta il problema dei rifiuti senza un Piano

La chiusura della discarica di Grotte San Giorgio allarma i Sindaci, ma non il Governo regionale, visto il disinteresse dimostrato in questi anni, per non parlare di quelli precedenti. Si teme il caos non sapendo dove andare a sversare l'immondizia.
L'ipotesi è quella di portarla fuori dalla Sicilia, ma la Regione dovrebbe farsi carico di costi maggiori per i rifiuti conferiti fuori. Mentre qualche sindaco, non solo per quello che leggo, afferma che la migliore soluzione sarebbe che la Regione aumentasse la capacità di conferimento della discarica di Grotte San Giorgio, senza valutare che molte cose stanno cambiando e che Grotte non può ricevere più rifiuti. Lo debbono capire se non vogliono andare a sbattere contro l'indignazione popolare e la volontà di continuare nell'iniziativa intrapresa. "Abbiamo già dato" nasce da un forte sentimento che attraversa un'intera popolazione e che travalica i confini.
Ma quello che maggiormente mi ha colpito è che nessuno dei sindaci parla di sollecitare il presidente dell'ARS, il buon Miccichè, o di mettere all'ordine del giorno il Piano dei rifiuti per l'approvazione. Senza il piano, cari primi cittadini,

non si possono definire i Piani d'Ambito per la conseguente elaborazione dei contenuti e la gestione. Piani che oltre alla raccolta e allo smaltimento debbono contenere tutta la parte dell'impiantistica industriale.

Rispetto all'argomento, vorrei dire al sindaco di Catania che è possibile iniziare a discutere anche dei due termovalorizzatori d'iniziativa privata, previsti nella zona industriale. Non credo che non lo sappia. Sarebbe interessante conoscere il suo pensiero e come intende muoversi per evitare d'essere sommerso dai rifiuti.

Continuare nell'emergenza non è più possibile: bisogna mettersi in testa che occorre una svolta radicale sul piano programmatico guardando alle esperienze più avanzante, perché non tutto è fermo.

sabato 3 aprile 2021

A Lentini sparisce la foto di Falcone e Borsellino

La giornata non è iniziata bene, e non a causa del Covid, ma della telefonata del mio amico Turi Di Mari, il quale mi comunicava che la foto di Falcone e Borsellino era stata tolta dall'albero di Villa Gorgia.
Non è la prima volta ma non sarà l'ultima che, i tanti amici che ogni anno s'incontrano in quel luogo nel ricordo di tutte le vittime di mafia, la rimetteranno al suo posto, attaccata al tronco del carrubo con ai piedi un tappeto di fiori rossi. Ciò avverrà durante la ricorrenza del 25 Aprile che sta per arrivare. Nel giorno della primavera della libertà.
Non sono poche le vittime di mafia, cadute sotto il piombo dei senza volto, che quotidianamente lottavano per una Sicilia libera dal malaffare politico ed economico, per la libera impresa e il rispetto dei diritti dei lavoratori e delle lavoratrici. Una lotta non sempre facile anche per la connivenza e lo squallore di una certa politica, di parte del mondo imprenditoriale, delle professioni e di pezzi d'apparati dello Stato.
Una lotta che non si ferma, come si vede giornalmente con gli arresti e i sequestri di beni, e che non si deve fermare. Questo dipende da ognuno di noi: bastano anche i piccoli

Diciamo le cose come stanno senza girarci attorno

DICIAMO LE COSE COME STANNO SENZA GIRARCI ATTORNO, parlando del fallimento della politica anche dalle nostre parti, per il semplice motivo che non riguarda solo l'attuale governo Draghi, ma il diffondersi di un virus altamente contagioso ovunque, salvo rare eccezioni.
I partiti sono diventati degli agglomerati d'interessi, anche grigi, le liste civiche appaiono e scompaiono nel giro di una notte, i movimenti sentono il richiamo della foresta del potere, perdendo, nel corso del loro cammino, l'anima e l'autonomia. Il suono di questa musica viene da lontano, con le note finali di uno spartito volato via.
Il Patto a Lentini ha vinto, non per una congiunzione astrale favorevole, ma per il volere di Zeus che ha fatto sapere a Marte di stare sereno, a Nettuno di non agitare troppo le correnti, a Venere, attraverso Cupido, di non creare altri turbamenti sentimentali, anticipando anche che quel giorno ci sarebbe stata una pioggia intensa e che, al calar della sera, una fitta nebbia avrebbe avvolto il paese.

La nebbia persiste ancora perché non viene fuori un'analisi profonda e vera sulle condizioni sociali ed economiche. Si gesti quotidiani d'impegno sociale e di solidarietà, in un periodo di crisi sociale drammatico a causa della pandemia.

Il 25 Aprile non ci resta che incontrarci alle 9,30 in piazza della Resistenza per rendere omaggio agli eroi dell'Italia libera, alle 11 a Villa Gorgia in ricordo di chi ha creduto a una possibilità di riscatto di questa martoriata terra.

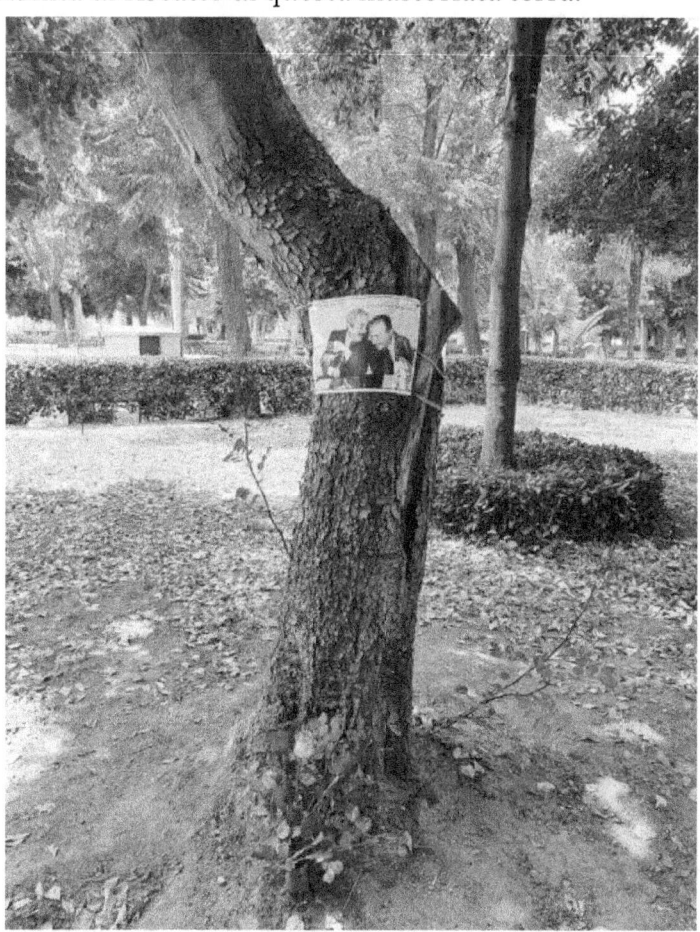

Lentini - Villa Gorgia - l'albero di Falcone e Borsellino

domenica 11 aprile 2021

Chiarezza sulla monnezza

Il Piano c'è o non c'è? A che punto è? Si vuole allargare Grotte San Giorgio e quanto? A che punto stanno con le decisioni sui termovalorizzatori?

L'esposto-denuncia, presentato alle Procure di Siracusa e Catania dal Comitato per la salute, per la mega discarica di Grotte San Giorgio ha suscitato un certo interesse e attenzione dell'opinione pubblica, fuori dai confini dei Comuni della zona e anche nella provincia.
Se ne parla, ma non è finita: si è in attesa di notizie soprattutto dal presidente Musumeci per le scelte che dovrà compiere sulla chiusura o meno della discarica. Ci sono in giro comunicati e prese di posizione politiche ambigue che non convincono. In particolare quelle che scrivono: nessun allargamento della discarica ma "cerchiamo di trovare una soluzione transitoria in attesa delle scelte definitive che dovrebbero essere contenute nel Piano rifiuti".
Il Piano dovrebbe andare all'approvazione dell'aula per alcune forze politiche, mentre per altre s'intende già approvato, anche se si trova alla Corte dei Conti per l'assenso. Una sola richiesta: per favore mettetevi d'accordo e non create più caos di quello che c'è e, nello stesso tempo, cercate di decidere.

Per quanto riguarda le soluzioni transitorie, non cercate di fare i furbi e dite chiaramente quello che volete: in giro non ci sono fessi da portare a spasso per le piazze dei Comuni o delle aule pubbliche. Se ci sono degli amministratori disponibili, sono fatti loro, che non disdegnano questo andare.

La soluzione transitoria non è altro che l'allargamento della discarica per accogliere lo sversamento di 1 milione di tonnellate di rifiuti invece di 4. Se per l'allargamento integrale era stato programmato un anno di lavoro di preparazione, per ricevere un milione di tonnellate quanto tempo è necessario? Se poi il buco fosse responsabilità di altri, in questo caso dei commissari giudiziali, dovrebbero dirci come stanno le cose.

Non solo questo: dovrebbero dirci anche se stanno seguendo l'iter per l'approvazione del termovalorizzatore presentato dalla Sicula Trasporti ai confini tra Carlentini e Augusta.

Si tratta semplicemente di capire dove si va a parare, dal momento che il territorio ci appartiene e che non può più essere devastato, per la tutela dell'ambiente, della salute e dell'economia di un'intera area vicina a uno dei luoghi più belli del territorio: il lago del Biviere, con il suo specchio d'acqua e gli uccelli che vi abitano.

domenica 11 aprile 2021

Termovalorizzatori sì, termovalorizzatori no...

Farò in modo di parlare di tutto ciò che può contribuire alla conoscenza di determinati argomenti, anche divisivi come i termovalorizzatori. La conoscenza è fondamentale per formarsi un pensiero, una valutazione, un punto di vista anche su argomenti di difficile comprensione.

Per esperienza antica so che tante volte alcuni "no" sono stati piegati, per lasciare le cose come stavano. Chiusi nella morsa tra il fare e il non fare, per proseguire nel dispregio delle leggi alla distruzione d'interi territori. La posizione radicale per il non allargamento della discarica di Grotte Armicci e San Giorgio sta portando il governo regionale a rivedere la posizione, e anche molte amministrazioni e forze politiche che sull'emergenza hanno giocato per favorire le galline dalle uova d'oro, come le discariche a cielo aperto dei Leonardi, dei Proto e dei Catanzari.

Se l'amministrazione comunale di Catania sta parlando di termovalorizzatori, le forze politiche e ambientaliste di quella città cosa dicono? Non solo, ma cosa dicono di Grotte

San Giorgio? Ancora non ho letto un trafiletto. Difficilmente ne leggerò. La questione legata a Grotte San Giorgio è esplosa dopo che sono stati superati i confini del territorio catanese, anche per l'intervento della Magistratura e per le prese di posizione dei movimenti locali con raccolte di firme, denunce ed esposti indirizzati a diversi Palazzi del potere regionale, dell'antimafia e delle Procure.

L'amministrazione comunale di Lentini è stata chiamata ad esprimere il proprio parere sull'allargamento di Grotte San Giorgio; ha detto di no, ma non perché nel suo territorio veniva collocato un termovalorizzatore.

Cerchiamo di mettere le cose al proprio posto per non ingenerare confusione.

Al momento, da quello che si sa, sono previsti due termovalorizzatori: uno nella zona industriale di Pantano d'Arci, nell'ex fabbrica Megara, mentre l'altro in una zona agricola trasformata in zona industriale, ai confini del territorio di Augusta e Carlentini della Sicula Trasporti. Da quanto si sa, il presidente della Regione ha inviato una lettera ai commissari delle SRR (Società per la regolamentazione del servizio di gestione rifiuti) per conoscere il loro pensiero sui termo. Tutti, senza eccezione alcuna, hanno risposto che guardano con un certo interesse alla realizzazione di termovalorizzatori di ultima generazione nell'ambito del piano dei rifiuti regionale. Quindi le istituzioni interessate dovranno dire la loro perché bisogna che ognuno si assuma le proprie responsabilità.

La politica è conflitto, responsabilità, decisione, ma non gioco delle tre carte. Se poi esistono dei sapienti che cercano di illuminarci, cercherò, da parte mia, di schivare il fascio luminoso.

sabato 17 aprile 2021

Con la monnezza alla gola

Ci siamo incontrati lungo la linea di confine Carlentini-Lentini. Due paesi che si guardano e si toccano. Stessi interessi, stesse potenzialità inespresse e modi di pensare distanti. Stesso andamento demografico caratterizzato dall'invecchiamento e dalla fuga dei giovani. Sono due comunità che cercano disperatamente di tenersi in piedi ma lentamente decadono, tappezzate da "vendesi" su ogni facciata. Una ricchezza immobiliare svalorizzata dalla crisi, con un mercato fermo e oscuro nel passare dei giorni.
"Il quadro non aiuta ma non tutto è perduto – mi interrompe Prospero –, vai avanti e leggi le possibilità che avrà il Mezzogiorno, compresa la Sicilia, con gli 84 miliardi del React-Eu, 54 miliardi dei Fondi strutturali 2021-27, più 58 miliardi dal Fondo per lo sviluppo. Sarà una grande sfida che bisognerà sapere cogliere per creare il Mezzogiorno delle opportunità".
" Sui social, a proposito, ti ho visto in una vignetta con accanto un letterato e un filosofo sulla nota questione dei termovalorizzatori".
Non sei stato il solo, Prospero, però ero in ottima compagnia. Alla mia destra Alfio Siracusano, alla sinistra Roberto Fai. Questa volta mi è toccato di stare al centro. Anche sui rifiuti

le discussioni non sono sempre facili, a causa della complessità della materia e delle chiusure che si riscontrano. Per non parlare del vuoto lasciato dalla politica che, nella nostra terra, è stato riempito dai signori delle discariche a cielo aperto. Voglio ricordarti che nell'isola siamo passati dal governo delle ecoballe di Capodicasa ai termovalorizzatori di Cuffaro, dal silenzio del governo Lombardo impegnato per la Sanità a quello del "tutto pronto" del governo dei pupari di Crocetta, per arrivare a quello attuale dello spalmatore di rifiuti Musumeci. La proposta Cuffaro, devi sapere, non è andata avanti per l'opposizione dei territori e delle associazioni, trattandosi d'impianti obsoleti, sovradimensionati e inquinanti. E anche grazie al blocco – questo non si dice mai – della Corte di Giustizia Europea per la mancata osservazione delle direttive sugli appalti.

Da allora ad oggi la discussione, per cause diverse, non si è mai conclusa con una decisione. Ecco l'ultima questione sul Piano dei Rifiuti: l'opposizione Pd, 5S e Fava hanno detto al presidente Musumeci di ritirare il Piano perché manca dell'impiantistica e della parte gestionale. In un mio precedente articolo, apparso su Girodivite[13], ho parlato del sistema Lombardia, per la ragione che ritengo sia una delle soluzioni migliori per l'impatto ambientale, per la tecnologia utilizzata, per le forme di partecipazione e di controllo dei cittadini e delle loro associazioni. Una scelta non da poco quella che riguarda una regione, come quella siciliana, dove

---

13 https://www.girodivite.it/Termovalorizzatori-si.html

per conoscere determinati atti bisogna faticare, e non sempre sono attinenti. Nel progetto lombardo, che si trova anche in rete, siamo nell'ambito dell'economia circolare e non ha senso parlarne se, poi, non si costruiscono gli impianti per renderlo coerente al riuso e al riciclo. Il ciclo si chiude, caro Prospero, quando le produzioni hanno un mercato che consenta ai rifiuti di non finire sui piazzali o dentro la pancia di qualche inceneritore. In Sicilia, a causa dell'emergenza, li manderanno fuori dalla regione: il problema non può essere risolto con i termovalorizzatori poiché per costruirli servirebbero troppi anni. Grande scoperta. Ma non si risolve nemmeno con le furbate dei 45 milioni dati ai Comuni per contribuire ai costi di trasporto. Questi euro serviranno per tappare il buco per pochi mesi e, temo, nel frattempo per sistemare e ampliare qualche vasca a Grotte San Giorgio. La cosa non mi stupirebbe, con l'aggiunta magari di qualche ordinanza d'urgenza successiva, per continuare a distruggere. Pensare male qualche volta c'azzecca.

mercoledì 28 aprile 2021

Arridatemi Razza

ARRIDATEMI Razza perché senza di lui non riesco a governare. Con questa invocazione il presidente Musumeci si è rivolto alla maggioranza che lo sostiene. Il primo a venirgli incontro è stato il presidente dell'Ars Miccichè, mentre gli altri alleati stanno a guardare per capire lo svolgimento dei giochi dei posizionamenti assessoriali. Per Miccichè, è meglio per tutti che ciò che Musumeci chiede si faccia presto, perché si possa aiutare a essere più laborioso e sereno. L'ombra di Razza che lo segue nei vari incontri e spostamenti gli dà un grande senso di sicurezza e di tranquillità.
Lo spalmatore di morti da Covid, secondo quello che si dice in giro, di sanità non capisce un tubo, ma è un ottimo costruttore di relazioni, in particolare nel mondo dei camici bianchi molto sensibili alle sollecitazioni politiche. Per questo Musumeci lo vorrebbe nuovamente all'assessorato sanità, superando le cosiddette minchiate sicule popolari che sono girate per la rete e per lo Stivale. Ma quel furbacchione di Miccichè lo anticipa, parlando dell'assessorato ai trasporti con un ragionamento ficcante: se Razza è così bravo nella costruzione di relazioni, perché non dovrebbe essere altrettanto bravo alla costruzione di una rete di trasporti moderna, tanto necessaria in Sicilia? E magari anche per il Ponte e gli accessori.

Il buon Musumeci, oltre a quella della vaccinazione che non va come dovrebbe andare, ha anche le grane che riguardano i rifiuti. Da una parte la vaccinazione, dall'altra i rifiuti, le questioni convergono nel tema della salute di noi siciliani. Bisogna accelerare la vaccinazione e, al contempo, affrontare senza più scappare il nodo della raccolta e dello smaltimento dell'immondizia. Mettere la Sicilia in sicurezza dal Covid per la ripresa del turismo è un bene per gli operatori e l'economia, ma presentare i nostri Comuni pieni di sporcizia nelle strade e nelle spiagge sarebbe uno sfregio al volto dell'isola.

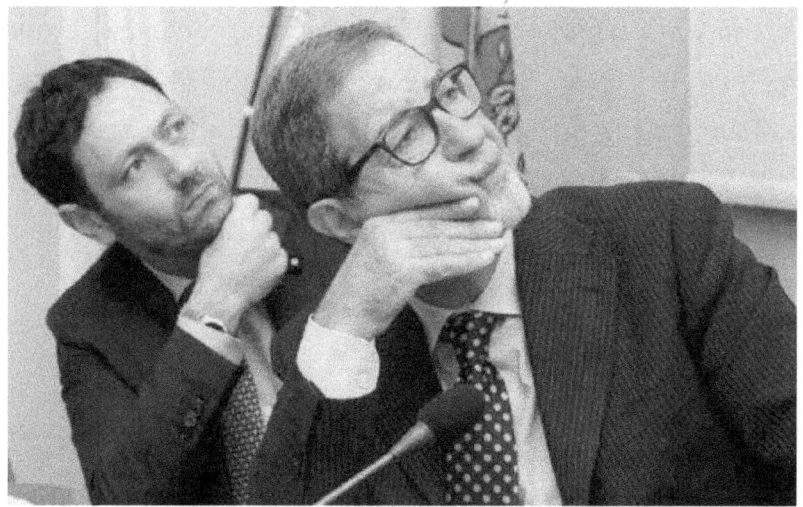

Nello Musumeci e Ruggero Razza

Il presidente Musumeci non può più scappare, in quanto la chiusura della discarica di Grotte San Giorgio continua a essere rimandata di giorno in giorno. Nel frattempo, la riforma dei rifiuti affonda in aula sotto la presentazione di

1600 emendamenti, in uno scontro politico senza eguali. La confusione è grande, apparentemente, ma non per quelli che sanno dove dorme la lepre e sanno che in gioco c'è un business da un miliardo per i soliti noti, cioè per i signori dalle uova d'oro.

I 45 milioni di euro messi a disposizione, insieme ai 150 per mandare fuori dall'isola i rifiuti, sono poca cosa. Non vorrei che intendessero, in realtà, prendersi qualche mese per sistemare la discarica, e per giocare come hanno fatto sempre sulla riprofilatura dei bacini per aumentare la capacità di abbancamento... Pensare male ogni tanto c'azzecca. In questo caso però dovrebbe intervenire, e non solo per questo, la Procura di Siracusa, per i reati ambientali commessi e per predisporre un piano di bonifica con i soldi della Sicula Trasporti, sia nel caso di confisca sia di ritorno del bene. Chi ha inquinato e ammorbato l'aria e distrutto il luogo deve pagare.

sabato 8 maggio 2021

Cateno De Luca e l'orologio della cattedrale di Messina

CATENO DE LUCA, detto Scateno, è il sindaco di una città dove a mezzogiorno in punto il leone ruggisce e il gallo canta dal Campanile della Cattedrale di Messina. Anche Scateno alcune volte ruggisce, canta, ma il più delle volte esplode di parole colorite e d'impegni per il futuro. Una settimana fa, nel pieno di una tempesta di parole, ha annunciato che il prossimo anno si presenterà alle elezioni regionali per la presidenza della Regione. Si presenterà per riscattare la Sicilia dai disastri di Musumeci e di Crocetta. Il presente e il passato non lontano da superare per dare un volto alla Sicilia. Il volto dell'impegno del fare e del buon governo. "Mi presenterò come il sindaco che ha governato senza maggioranza e che ha risolto annosi problemi compreso lo smantellamento delle baracche e la concreta possibilità del Ponte tra le due sponde". "Un sogno che solo Scateno inviso ai salotti buoni, può realizzare". "Loro ridono io vinco e opero per liberare la Sicilia dagli incapaci".

Musumeci deve stare attento, anche se le reali intenzioni della sua discesa in campo si potranno verificare solo quando, sei mesi prima delle elezioni, si dimetterà da sindaco, il 18 marzo 2022 – giorno del suo compleanno. Quel giorno il leone ruggirà, il gallo canterà, Scateno festeggerà ma non si muoverà da Palazzo Zanca. Rumore, sa sempre che deve fare rumore.

Mentre Scateno De Luca fa rumore il presidente MUSUMECI non vede l'ora che ritorni Ruggero Razza all'assessorato alla salute. Si sente solo e stanco anche per le continue invocazioni nei confronti della maggioranza e di Razza. Non sa più cosa fare, ha portato persino dei ceri in giro per qualche strada della città dell'Elefante. Ancora purtroppo niente, ma ci vorrà ormai qualche giorno per rivedere Ruggero Razza al suo posto di comando, perché possa continuare nella sua sciagurata politica sanitaria. Sciagurata con prove, dal momento che il sistema sanitario siciliano necessita di una svolta radicale nel governo delle aziende che potrebbero essere di meno, nella programmazione e nel rapporto con il privato convenzionato. Svolta necessaria anche alla luce della pandemia e del piano sanitario del Ministero della salute che sta circolando in molte sedi, compresa quella del comitato delle regioni, per avviare il confronto che dovrebbe avvenire nelle assemblee elettive delle regioni e dei consigli comunali: dei passaggi fondamentali, in quanto riguarderanno la nuova organizzazione sanitaria con al centro la salute di ognuno di noi.

Non essendo nelle condizioni di scatenarmi, posso semplicemente consigliare al presidente Musumeci che non stia senza Razza e a Razza che non stia senza Musumeci, di smetterla con questa farsa e di frequentare entrambi con maggiore assiduità il centro ippico d'Ambelia.

lunedì 31 maggio 2021

Pensieri della sera, 14 giugno 2021

"Una comunità riesce a raggiungere gli obiettivi se composta da persone che si stimano", aggiungerei capaci d'innovare e di non svendere gli ideali.

Pensieri della sera.

Il Pd primo partito con 11 correnti, 11 capi e 11 sottocapi.
La Lega annetterebbe, "acquisterebbe" Forza Italia con la promessa di Berlusconi al Quirinale.

Vendola ritorna, Fratoianni si agita, Fassina parla sempre, Speranza sta al ministero, Leu non esiste. La sinistra non è né di governo né di lotta, e non si capisce cosa sia.

I 5Stelle aspettano che arrivi Conte, per tracciare il nuovo cammino europeista, atlantista, confuciano.

La Meloni si gode i sondaggi sapendo che Salvini dopo il sorpasso non dorme più la notte.

Calenda corre tra le strade di Roma in cerca di voti, Renzi si sta trasferendo in Arabia Saudita, la Bonino è alle prese con le grane all'interno del suo Movimento.

Veltroni, nel sermone domenicale sul "Corriere della sera" di oggi, scrive: "Una comunità riesce a raggiungere gli obiettivi se composta da persone che si stimano",aggiungerei: capaci d'innovare e di non svendere gli ideali. 'Notte

martedì 15 giugno 2021

Le false indignazioni

Leggendo i giornali scopro che esiste lo sfruttamento, che i diritti vengono negati e che esistono le false cooperative...

Leggendo i giornali scopro che esiste lo sfruttamento, che i diritti vengono negati e che esistono le false cooperative. Non solo nella logistica, ma anche nei servizi alla persona, nelle strutture pubbliche per la pulizia, nelle campagne per la raccolta e in tanti altri comparti.

Siamo un Paese consociativo e trasformistico che si gira sempre dall'altra parte per non vedere. Vede o si sveglia in alcuni momenti drammatici come la morte di Adil[14] o dei tanti Adil italiani che cadono dalle impalcature o che vengono stritolati dai macchinari.

Anche così ipocrita da leggere, tra qualche giorno, qualche pagina di Marx sul lavoro come merce.

domenica 20 giugno 2021

---

14 https://www.girodivite.it/Sciopero-della-logistica-ucciso-da.html

Ci sono i cavalli ma non la Sicilia

Ci sono i cavalli ma non la Sicilia. In territorio di Militello e non lontano da Scordia si trova la tenuta Ambelia, sede del centro d'incremento ippico. Un bel luogo, molto amato dal presidente della Regione Musumeci e non solo. Un luogo facilmente raggiungibile in cui si tengono incontri annuali, per mettere in mostra le sembianze, i tratti e i movimenti del cavallo Sanfratellano dei Nebrodi. Il presidente Musumeci, mentre accarezzava un mansueto quadrupede, faceva sapere che si sarebbe presentato alle elezioni regionali dell'ottobre del prossimo anno. Si presenterà col centro destra, Miccichè permettendo, per continuare nell'opera di ricostruzione-distruzione dell'isola.

Se non dovesse farcela, si darà all'ippica in compagnia della sua ombra, il ritrovato assessore alla salute Razza, per continuare nell'opera di spalmamento dalla sanità ai rifiuti, dall'energia alle infrastrutture. Bisogna però riconoscere che costituiscono un duo eccezionale per la prontezza nell'affrontare i tanti drammi che affliggono l'isola e il peso che esercitano nei confronti del governo nazionale. Non hanno alcun peso riguardo al pessimo funzionamento della macchina amministrativa e allo scarso impiego e programmazione delle risorse statali ed europee. Per usare un'espressione abusata, non c'è visione della Sicilia nel piano di ripresa. Se non c'è da questa parte, mi chiedo dalla sponda del centro sinistra.

Ad oggi ci sono dei piccoli sommovimenti sui nomi ma non sui contenuti programmatici. Non è tardi per darsi uno scossone per un dialogo con la complessa società siciliana. Non saprei, vedo in giro tanti casini, in particolare dentro il Partito Democratico, a causa del proliferare delle correnti che si avviano a superare gli iscritti. Non considerando che ci sono anche quelle di transito; che oggi ci sono e domani veleggiano verso approdi non sempre più sicuri.

Il cambio di casacca è diventato una moda irresistibile per essere al passo con i tempi. Non è un disvalore ma "spertizza", accompagnata dalla solita stupida frase: "Solo i paracarri non cambiano idea". Ciò è vero, però talvolta salvano la vita. Ma loro chi salvano? Il portafoglio e la presa in giro di chi li ha votati, ignorando che esiste l'istituto delle dimissioni. Sui 5Stelle non si hanno notizie, data la scomparsa dagli schermi. Altri non ne vedo all'orizzonte, e difficilmente ne vedrò, vista la stagnazione della vita democratica e sociale. Non essendoci rotture, ogni cosa stagna e ci confonde, perché manca l'orizzonte.

I giovani capiscono e, per non subire, scappano. E noi uomini e donne del passato vediamo il tempo scorrere che porta via i nostri ragazzi/e in terre lontane. Una perdita – questo ancora non si è capito – per la democrazia e il rinnovamento delle classi dirigenti.

mercoledì 23 giugno 2021

Cesare Terranova e Lenin Mancuso

Se la storia, nella sua complessità, non può essere scritta da una sentenza, mi chiedo: dove è la politica con i suoi strumenti parlamentari per fare piena luce su quel drammatico periodo?

Mi permetto questo richiamo proprio oggi, nel 42° anniversario dell'uccisione di Lenin Mancuso e Cesare Terranova per mano mafiosa. Ho conosciuto il magistrato Cesare Terranova a Nicosia, nel corso delle elezioni politiche del 1972, a un comizio come indipendente nelle liste del PCI. Nicosia è a pochi chilometri di distanza dal comune di nascita di Terranova, Petralia Sottana.

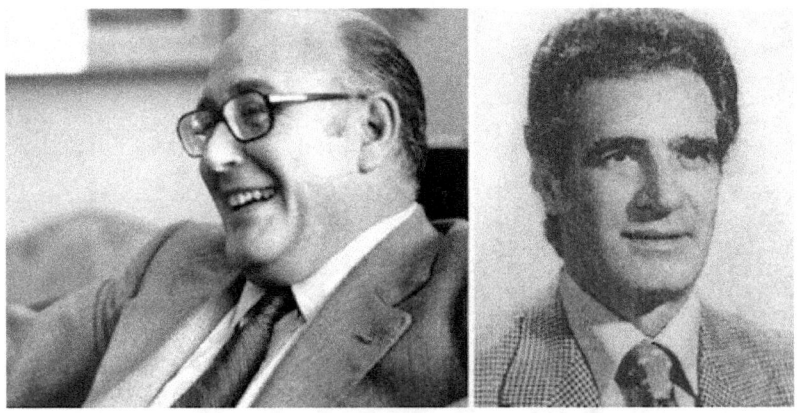

Cesare Terranova e Lenin Mancuso

Un uomo molto alla mano e di grande sobrietà nel parlare. In poche parole, in una piazza piena, motivò la scelta di scendere in campo accanto ai comunisti per una Sicilia libera dalla mafia e dalla mala politica. Un impegno che mantenne insieme a Pio La Torre, con le 81 pagine scritte della relazione di minoranza sul fenomeno mafioso in Sicilia. In quelle pagine c'è tanta storia della Sicilia, dal dopoguerra ai giorni in cui si svolgono i lavori della commissione, vista attraverso i collegamenti sempre più saldi e criminosi tra mafia e potere politico.

Una requisitoria violenta e ben documentata attraverso gli atti in possesso della Commissione e la conoscenza delle realtà. Non viene tralasciato nulla: si passa dalla mafia agricola a quella urbana, dal rapporto tra mafia e politica alle mafie e trame nere. Un atto politico dirompente e fondamentale per spingere il Parlamento a prendere coscienza del fenomeno e varare delle leggi che facessero argine al dilagante fenomeno.

Ci sono voluti anni per avere delle leggi di contrasto e, tristemente, anche tanti morti. Il 25 settembre 1979 veniva ucciso Cesare Terranova, il 30 aprile 1982 Pio La Torre. Insieme a Cesare Lenin Mancuso, con Pio Rosario Di Salvo. Una pagina dell'impegno della politica e di uomini con la schiena dritta.

sabato 25 settembre 2021

La politica come dialogo e ascolto

Un successo bagnato dalla pioggia. Rosario Lo Faro ha vinto. È stato un voto contro l'arroganza e la chiusura in un periodo pandemico di preoccupazione e solitudine. In questi momenti si dimostra il livello di chi governa una città.
Questo vale anche per l'opposizione e per chi opera nel sociale, che deve rispondere ai tanti bisogni che si presentano nel quotidiano. La città nelle sue espressioni politiche, sindacali, associative e del volontariato va ascoltata se si vuole tessere una rete solidale e progettuale per le cose da fare. Al dialogo e alla partecipazione non c'è alternativa, se non l'ulteriore decadenza e degrado. Nello stesso tempo occorre intrecciare una comunicazione con Carlentini e Francofonte, per capire quali sono le cose da ideare insieme e portare avanti, smettendola con il piagnisteo vittimistico della mancanza di una rappresentanza parlamentare. Non sottovaluto la questione, però abbiamo sindaci, presidenti dei consigli e consiglieri comunali. Sono i nostri eletti, le nostre espressioni territoriali, i nostri rappresentanti. Sono persone in carne e ossa, vive, e non delle anime morte. Queste energie vanno utilizzate anche con i loro referenti politici fuori dal perimetro urbano.

Fuori e dentro i confini si fa la politica, senza sbattere la porta in faccia a nessuno. Quando sento parlare della sanità come fa il sindaco di Carlentini, mi viene voglia di farmi una romantica passeggiata per Santuzzi anche sotto la pioggia. Ma è possibile che non rifletta sul fatto che il suo assessore alla sanità è un dipendente dell'azienda ospedaliera, e non può spiccicare una parola nei confronti della sua stessa azienda? Tanto quanto quello di Lentini. Due assessori alla sanità dipendenti dell'Asp, sempre silenziosi e muti ma grandi raccoglitori di consensi. Loro non parlano e non si agitano come fa il buon Stefio. Anche se la sconfitta di Bosco non lo farà dormire, per l'arrivo di qualche temporale nel Palazzo di città di Carlentini. Non credo, ma potrebbe essere. Potrebbero essere tante altre cose se la politica facesse il suo dovere e lo Stato dimostrasse il suo vero volto, in favore della legalità e della sicurezza dei cittadini. Al Sindaco, semplicemente buon lavoro e tanto ma tanto ascolto e impegno.

lunedì 25 ottobre 2021

Gli anni Ottanta non finiranno mai?

Non siamo negli anni Ottanta, quando non passava giorno senza un morto ammazzato in mezzo alla strada e dominava incontrastata la mafia. Da quel periodo molte cose sono mutate...

A Lentini e dintorni non poche persone si domandano se lo Stato con i suoi apparati esiste o se siamo ritornati agli anni Ottanta, quando dello Stato non si vedeva nemmeno l'ombra. L'ombra appariva in alcuni periodi, quando la città si svegliava con i suoi rumori, colori e vitalità prodotti dal lavoro umano e dalle richieste di una sua parte riguardo a quello che si produceva, che non poche volte spingevano al conflitto per un giusto salario.

Non siamo agli anni Ottanta, *quando non passava giorno senza un morto ammazzato in mezzo alla strada e dominava incontrastata la mafia*. Da quel periodo molte cose sono mutate grazie alla geniale intuizione di un intelligente e coraggioso magistrato, transitato da giovane dalla Pretura di Lentini, Giovanni Falcone, che ideò la Dia – Direzione investigativa antimafia – per combattere il crimine mafioso con una organizzazione pronta sia sul piano investigativo che operativo, capace d'inferire, come si è visto, seri colpi al crimine e alle connivenze dentro e fuori la Sicilia. Formata da uomini che hanno imparato da Falcone il metodo (ragiona come i tuoi nemici, parla come loro, muoviti come loro) e uno stile rigoroso. Anche per questa idea Giovanni Falcone, un pomeriggio di maggio, venne fatto saltare in aria. 57 giorni dopo Paolo Borsellino.

Se non siamo in quegli anni tristi e insicuri, perché è stata decapitata la testa del serpente, dobbiamo fare in modo che lo Stato con i suoi apparati dia delle risposte a chi chiede sicurezza e rispetto della legalità. In giro c'è questo forte sentimento comune, che diversi dovrebbero cogliere, e che il nuovo inquilino di Palazzo di città dovrebbe fare proprio.
Colgo l'occasione per invitarvi a vedere domani sera [29 ottobre 2021] su Rai 3 il film "Dia 1991 – Parlare poco apparire meno"-. Ore 21,30. Buona visione.

giovedì 28 ottobre 2021

Reddito di cittadinanza

Spero che per gli evasori fiscali e gli esportatori di capitali nei paradisi fiscali saranno scritti le stesse pagine, gli stessi articoli, gli stessi titoli dedicati al reddito di cittadinanza.
Che si parli di libertà di stampa e che ci si degni di scrivere qualche riga sul fondo di pensione dei giornalisti, Inpgi, in profondo rosso, sul fatto che si pensa di caricare sull'Inps delle pensioni generose calcolate con il sistema retribuito.
Sul reddito di cittadinanza ho scritto in tempi non sospetti che andava rivisto in alcune sue parti – dichiarazioni, controlli incrociati, disponibilità d'impiego – ma c'è stata molta fretta per l'incalzare della crisi, anche per la volontà di farne una bandiera politica 5S alla pari di Quota 100 della Lega.
Due provvedimenti che vanno rivisitati con molta saggezza e acume, senza barricate, tenendo conto che si parla della vita di persone che hanno bisogno di aiuto e di persone che si trovano alla soglia della maturazione di un diritto dopo anni di lavoro.
Anche su questo si misurerà la capacità del governo Draghi e delle forze politiche in Parlamento.

giovedì 4 novembre 2021

Quei morti, quelle sofferenze

Senza nessuna retorica, la grande carneficina che abbiamo chiamato Prima guerra mondiale. Sofferenze, morte, aspettative tradite. Una pagina dolorosa con 650 mila morti in divisa, e non meno furono le vittime civili, come in ogni guerra.

Bisogna ricordare anche quei 100 mila militari morti per fame nei campi di concentramento, senza nessun aiuto da parte del governo dell'epoca per deterrenza nei confronti degli obiettori e dei disertori. Mentre altri Stati, attraverso diversi accordi, aiutavano i propri militari prigionieri nei campi di concentramento avversi.

E più di un milione sono pure i mutilati e gli invalidi ai quali la guerra impresse il proprio sigillo. Una parola finale che serva a non girarsi dall'altra parte: quella per ricordare i disobbedienti e gli obiettori, i quali pagarono un duro prezzo, anche con la vita. Anche questi entrano nel computo della grande tragedia.

La verità è che ogni guerra distrugge l'umanità. Una lezione attuale, sempre per non girarsi dall'altra parte, anche quando vediamo quei barconi che attraversano il nostro mare in cerca di aiuto per non affogare.

giovedì 4 novembre 2021

Relazioni, tra sanità e clientelismo

Dopo aver letto la relazione finale della Commissione antimafia regionale[15] approvata all'unanimità sul pianeta sanità, che ho trovato ricca di fatti noti e meno noti, molto sconcertanti per la spregiudicatezza dei vari personaggi della mala politica, mi sono posto una domanda. Qual è la pratica politica dei componenti della Commissione nel rapporto nei confronti dei responsabili delle aziende sanitarie dei loro territori, dopo aver scritto e approvato quelle pagine di fuoco?
Per mia conoscenza, nulle, perché non si discostano da quelle pratiche clientelari e conniventi talvolta con aspetti affaristici preoccupanti.
Sul pianeta sanità abbiamo, in modo speculare, la mala politica che incrocia il terreno fertile della mala sanità. Vanno insieme per il dominio, il potere, la ricchezza. In quel pianeta sono poche le voci che si levano in difesa della propria professione e della propria dignità. Se ci fosse una rivolta corale, la politica dovrebbe fare i conti con un evento simile, che troverebbe all'esterno anche appoggi e solidarietà. La svolta nel pianeta sanità passa anche da questo e da una

---

15 https://www.ars.sicilia.it/commissioni/commissione-dinchiesta-e-vigilanza-sul-fenomeno-della-mafia-e-della-corruzione-sicilia

politica che metta al centro la persona con le sue fragilità che necessitano prevenzione e cure.

A una domanda posta, una che pongo: sulla disparità di trattamento tra un dipendente pubblico che decide di partecipare a una competizione elettorale e un dipendente del pianeta sanità. Al primo è fatto obbligo di mettersi in aspettativa dal giorno della presentazione della lista, mentre per il secondo non esiste nessun obbligo, può continuare a svolgere il suo lavoro "prezioso", in particolare ai fini della ricerca del consenso.

Il clientelismo, cari signori deputati della Commissione, passa anche da questo. L'uniformità di trattamento sarebbe quanto mai opportuna, anche se a sradicare la mala pianta del clientelismo ci vorrebbe ben altra politica e ben altre leggi rigorose.

domenica 7 novembre 2021

Dentro e fuori il Palazzo

Usciti dal Palazzo, si incamminarono verso il percorso storico-ambientale che porta a Lentini. Raggiunto il Palazzo di città, capirono subito che stava per scendere una fitta gelida nebbia. La nebbia calò. Il silenzio prese il sopravvento. Anche la luce dei lampioni era pallida. Gli eroici comprimari venuti dall'alto della montagna ripresero il cammino di ritorno, cambiando il percorso con passo cadente e triste. Arrivati a destinazione, si diedero appuntamento per l'indomani. La notte sarebbe servita a iniziare a elaborare il lutto della sconfitta. Soprattutto, erano scossi per la sconfitta del Rione Sanità. Il luogo dove sarebbe dovuto nascere il vento della "felicità" per tanta giovinezza con il domicilio altrove e il passaporto nel borsone.
Il vento si fermò, ma non i loro pensieri notturni alla ricerca di una nuova casa, che stanno per trovare nel partito delle porte girevoli. Oltre a essere un partito laico, è contendibile e scalabile in qualsiasi momento. Quel momento sta per arrivare, con il sindaco di Carlentini Stefio in testa e gli altri comprimari a seguire, in vista delle prossime elezioni regionali. Sempre che qualcuno non si metta di traverso per fare saltare i giochi presenti e futuri. Pippo, Pippo dove vai? Guardi la città e cambi passo. Quando si avvicinano le

scadenze elettorali tutto è possibile, dentro e fuori dai partiti, nei movimenti e nel mondo associativo. In Sicilia la partita è aperta per entrambi gli schieramenti, sempre che si presentino uniti, con dei progetti di rinascita coinvolgenti e dei leader riconosciuti, non dell'ultima ora. Al momento, per quello che si legge, i pretendenti sono tanti e anche scarsi. Come finirà il tempo ce lo dirà.

A Lentini, al Patto è andata bene anche grazie alle divisioni nel centrodestra, altrimenti, a mio avviso, non ci sarebbe stata storia. Una storia che invece dovrà scrivere la nuova amministrazione, con impegno e dedizione, e parlando alla città. Nei prossimi giorni sapremo i nomi degli eletti – anche se si prevede un terremoto in qualche lista – la data dell'insediamento e l'avvio del nuovo corso. Buon lavoro.

domenica 14 novembre 2021

C'è chi parte e non torna

C'è chi parte e non torna. Sono andati via anche in piena pandemia, sfidando il virus e sé stessi, con coraggio e determinazione in cerca di un lavoro. Lasciandosi dietro affetti, amicizie e luoghi del cuore. In questo periodo di ripresa degli sbarchi si guarda all'immigrazione tacendo che la vera emergenza è l'emorragia che sta spopolando il nostro Paese. Un fenomeno che colpisce non solo le aree interne, ma anche i grandi agglomerati urbani.
Lo vivo con tristezza e rabbia quando vado a Nicosia. Non vi dico che fatica raggiungerla, per il dissesto delle strade e le frane che s'incontrano. Una cittadina che aveva tutte le condizioni per uno sviluppo sostenibile, abbandonata e spogliata da alcuni servizi fondamentali come il Tribunale, in una zona ad alto rischio mafioso. Una mafia pervasiva, violenta, sanguinaria, a cavallo delle Madonie e dei Nebrodi.
Una cittadina accogliente, Nicosia, con le sue attività produttive, le sue scuole, le sue bellezze e il verde intenso dei boschi, divenuta, con il passare dei giorni, silenziosa e muta come la secca fontana nel centro della piazza. Non scorre più acqua, prosciugata come la politica regionale di questi anni ha fatto con le finanze, e lasciato risorse europee per incapacità di spesa ingente, nonostante il dramma di ben 300 comuni in dissesto finanziario.

Senza risorse e senza personale.

Hanno insistito così tanto che, con la politica dei tagli dei governi di Roma e la politica dispendiosa dei governi regionali, hanno travolto la frontiera democratica della partecipazione e della convivenza civile. Una politica sciagurata, anche per responsabilità dei Comuni che non hanno alzato la voce come si deve per mobilitare le comunità. Anche dove vivo le condizioni non sono diverse. Comuni dissestati, difficoltà dei settori produttivi e dei servizi, invecchiamento della popolazione e fuga dei giovani, con un ceto politico senza idee e progettualità. Si vive alla giornata, senza novità. Tutto stagna, nonostante ci sarebbero tante cose da fare, seppure piccole.

Tante piccole cose per dare il senso di comunità e dello stare insieme. Ognuno di noi crede di stare bene, di non vedere chi soffre, ma non è così. Si spera che qualcosa possa cambiare con il piano di ripresa, ma i segnali non sono positivi, anche per le divergenze nella maggioranza che sostiene Draghi. Non solo divergenze, ma anche cecità nel non vedere chi perde il lavoro, chi muore mentre lavora, chi scappa via.

sabato 20 novembre 2021

stenta perché non si vuole impattare la realtà, anche se spesse volte mancano le risposte che altri dovrebbero dare con delle politiche in grado di fare uscire la Sicilia e il Mezzogiorno dall'abbandono per frenare la grande fuga delle ragazze e dei ragazzi. La grande fuga non è un film, ma è la realtà del venire meno della parte più bella, disinteressata, gioiosa e creativa della vita di una comunità.

Che va via anche dall'Italia – come dimostra una recente indagine di Ilvo Diamanti – per ragioni di lavoro e per il riconoscimento di quello che sa fare con salari adeguati, e non da fame come dalle nostre parti. In questo dannato Paese esiste una questione salariale e di lavoro, con l'ascensore sociale bloccato e l'aumento delle diseguaglianze. Viviamo in un Paese che sta perdendo l'anima e il futuro.

Il piano di ripresa sarà una svolta? Non ci credo, perché i segnali sono tutti opposti. Basti pensare che sulla Legge di bilancio sono stati presentati 6000 emendamenti. Non siamo di fronte a una classe dirigente, ma agli ultimi tentativi d'assalto alla diligenza. E c'è il commissario Draghi.

mercoledì 1 dicembre 2021

A proposito di responsabilità

A proposito di responsabilità. Ma è possibile che debbano essere sempre di chi si alza la mattina presto per mandare avanti questo nostro Paese anche in piena pandemia? L'invocazione che stiamo sentendo in queste ore per lo sciopero del 16 dicembre, perché i noti benpensanti non la rivolgono agli evasori fiscali, a chi non rispetta i salari, le norme di sicurezza sul lavoro per evitare di morire? E c'è inoltre chi scappa in cerca di lavoro oltre i confini, chi viene emarginato nel lavoro, come le donne, chi abbandona la scuola perché non ha i mezzi per proseguire.
Non lo fanno perché a pagare debbono essere sempre gli stessi. Sorprende, da lasciare senza parole, l'ipocrisia dei partiti, in particolare del Pd che sta cercando una mediazione. Ma perché non l'ha fatto prima, durante il confronto del governo con i sindacati? Sempre in ritardo perché non sentono le pulsazioni che agitano il mondo del lavoro dentro e fuori dai posti di lavoro, di fronte ai cancelli delle fabbriche in crisi e nella società. E poi si sorprendono perché quel mondo non li vota più o perché aumenta in generale l'astensionismo.
Se non si ricuce il rapporto tra cittadini e istituzioni, partendo dai territori, per la costruzione di alti livelli partecipativi sulle cose da fare e per creare progetti, si andrà

verso un ulteriore declino. A pagare il prezzo maggiore sarà soprattutto il Sud. Avremo paesi abbandonati – già ci sono i primi segnali – popolati da anziani che resistono prima di intraprendere il lungo viaggio; giovani che ci saluteranno; "si vende" che dominano il paesaggio urbano: la fine di un sacrificio di duro lavoro svalutato e senza possibilità di vendita. Il dramma è nel volto di quelle facciate senza più vita.

venerdì 10 dicembre 2021

Auguri, Luigi

I miei 80 anni sono arrivati o stanno per arrivare. Sino ad oggi me la sono cavata, grazie all'educazione dei miei genitori, all'amore di mia moglie, all'affetto dei miei figli e a non poche persone che mi sono state vicine.

Anche la comunità di quel partito che non c'è più mi ha dato una spinta verso lo studio, la conoscenza e l'impegno civile che ancora continua. Anni dentro le contraddizioni e le tempeste del secolo breve, con sacrifici e grande passione per un Paese migliore. Anni difficili, in cui bisognava capire con lo studio e il confronto quello che avveniva nel corpo della società. Non è stato facile ma neanche invano, anche se alla fine la storia ha preso un corso diverso. Per come vanno i processi globali non direi, ma siamo stati sconfitti e dispersi.

Ma nessun desiderio di nostalgia.

Auguri, Luigi.

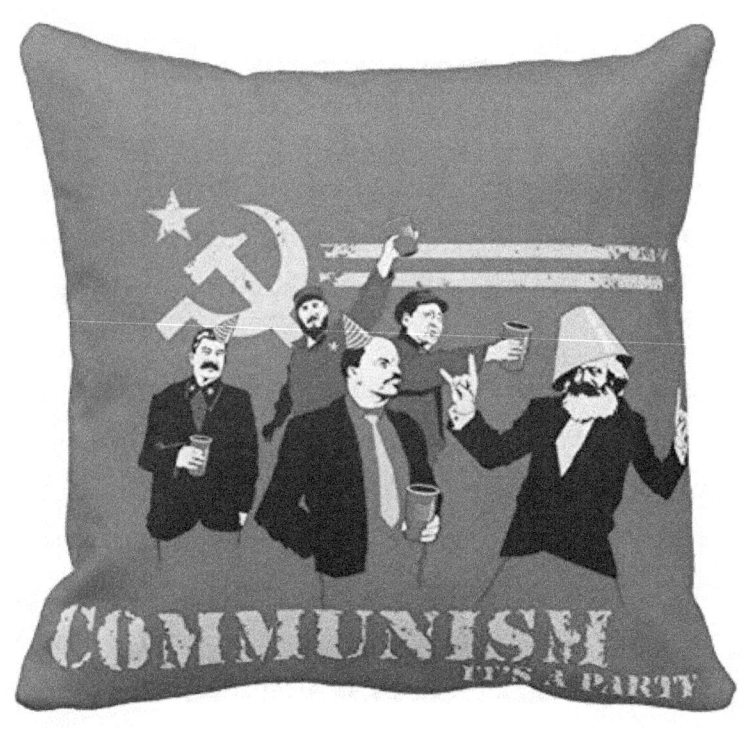

Con gli auguri affettuosi di tutta la redazione di Girodivite.

mercoledì 15 dicembre 2021

Prima che sia troppo tardi

Il quotidiano "Avvenire" sta aprendo un dibattito sulle pagine del giornale sulla sanità italiana da rifondare "prima che sia troppo tardi". Crescono il malessere e l'urgenza di scegliere per le soluzioni da adottare.
Un dibattito reale che coinvolge istituzioni, ordini e associazioni, per rifondare un servizio sanitario non più adeguato alle esigenze dei cittadini, in particolare riguardo alla prevenzione e alla cura, partendo dal territorio per arrivare ai centri ospedalieri di primo impatto – emergenza – e di alta specializzazione. Un cambio radicale di visione per il superamento della cultura ospedalcentrica, e l'arrivo di un virus così letale e contagioso da scoperchiare tutte le criticità del sistema e il rapporto non sempre trasparente con il privato convenzionato.
Bisogna ripensare il sistema sanitario anche nel rapporto Stato-Regioni e nelle forme di gestione, quasi tutte fallimentari, a eccezione di qualche azienda. Quando verranno fuori i conti veri, ci sarà da mettersi le mani ai capelli – considerazione di un noto esperto: non solo i conti, ma anche le pratiche clientelari e di subalternità alla politica.
Non c'è direttore generale di un'azienda o "manager" che non abbia il proprio sponsor politico ben visibile, il trascinamento delle cordate locali sotto la stessa casacca o con altri colori e sigle rappresentative. Al ministero della sanità si parla

prevalentemente di come combattere il virus – giusto – e della distribuzione delle risorse d'intesa con il comitato delle regioni, ma non si tocca mai l'argomento delle forme di gestione.

In Sicilia, per fare un esempio, c'è una polemica su come spartire gli 800 milioni del PNNR senza aprire un dibattito non solo all'Assemblea, ma anche con l'Ance e le associazioni, non dimenticando gli ordini professionali, in particolare i medici di base. Senza il loro apporto non si potrà costruire una medicina territoriale capillare ed efficace, in grado di comunicare con i luoghi di prevenzione e di cura. Occorre inoltre tenere presente che siamo di fronte a una popolazione che invecchia e anche sola, che spesso ha quindi bisogno di assistenza quotidiana, anche per il disbrigo delle piccole faccende. Su questo bisogna ritornare, partendo dalle linee guida del PNNR per l'elaborazione di una piattaforma che sia più aderente alla realtà e affinché non si perda altro tempo, una volta giunto il momento della proposta.

martedì 1 febbraio 2022

Tra evasione fiscale e lavoro nero

Non da oggi esiste una questione salariale, esplosa in questi ultimi anni perché non è mai stata affrontata con determinazione, così come la lotta all'evasione fiscale e al lavoro nero. Su queste piaghe purulente sono state costruite fortune politiche e blocchi di potere dominanti, anche trasversali.

Non c'è stata crisi economico-finanziaria, ultimamente pandemica, che non sia stata pagata e non continui a essere pagata dal mondo del lavoro, dalle donne espulse dai processi produttivi e dai giovani in cerca di un lavoro.

Il carico è sempre sulle stesse spalle, con il richiamo alla moderazione salariale e alla responsabilità, per non mandare il Paese alla bancarotta. C'è chi si faceva carico, e si fa ancora carico, dell'interesse generale del Paese e chi invece continua a evadere e a sottostare al lavoro mal pagato e non dichiarato. Uno sfruttamento bestiale, condito da truffe di ogni genere come il bonus edilizio e altri ristori verso il mondo delle imprese. Con una criminalità organizzata sempre più capace di sfruttare ogni possibilità di arricchimento senza andare per il sottile, che ha messo le mani anche sul reddito di cittadinanza, con i suoi adepti e patronati compiacenti.

Il risultato dell'insieme di tutte queste vicende è che il mondo del lavoro si è impoverito. Non solo: si perde e manca anche il lavoro. Soprattutto i giovani sono costretti ad andare via per trovare un'occupazione e anche migliori opportunità lavorative e salariali. Eppure non sono solo i giovani meridionali a scappare, ma anche quelli di molte città del Nord.

Nel 2020 sono partiti dall'Italia circa 31 mila laureati, su 120 mila emigrati. La Lombardia ha visto partire oltre 6 mila laureati su 31 mila, e il Veneto oltre 3 mila. Un fenomeno che riguarda tutte le regioni e che necessita di politiche mirate. Che bisogna fermare la fuga dei nostri giovani – parole della ministra Messa, ieri a Catania per l'apertura dell'anno Accademico – è indubbio, ma tale certezza non è sufficiente senza politiche di forte impatto formativo e lavorativo. Le nostre università devono aprirsi ai giovani nello studio, nella ricerca e nella possibilità per coloro che meritano di intraprendere la carriera universitaria, perché c'è bisogno di aria fresca. Questo sarebbe utile anche alla costruzione di una nuova classe dirigente e a trattenerli: un passo importante per il rinnovamento del Mezzogiorno, che non potrà avvenire senza l'intelligenza e la passione delle nuove generazioni.

Convinciamoci che siamo un Paese di vecchi: che abbiamo bisogno dei nostri giovani e anche di chi viene da lontano, attraverso il mare, per andare avanti mettendo da parte le ipocrisie italiche di brava gente riguardo all'immigrazione.

mercoledì 16 febbraio 2022

Stupri di guerra e stupri quotidiani

Riprendo un'interessante articolo di Dacia Maraini sugli stupri di guerra sul "Corriere della Sera" di ieri (29 marzo 2022), perché ci sbatte in faccia uno dei drammi più dolorosi e violenti dei conflitti. E non solo delle guerre, ma anche nella normalità quotidiana, quando delle indifese vengono strattonate, picchiate e violentate.
"Chi ancora scrive e pensa che lo stupro è un atto che viene acceso da un impeto sessuale, anzi da un desiderio improvviso e focoso nei riguardi del corpo femminile, sbaglia di grosso". "Lo stupro soprattutto quello di gruppo è un'arma intimidatoria tutta umana, e ha un valore grave e devastante". Con tutta la sua passione prosegue: "Nell'atto dello stupro il pene diventa la spada che taglia, ferisce e penetra nel luogo sacro della nascita, appropriandosi allegoricamente della grande forza della procreazione. L'uomo che stupra è come se dicesse nel linguaggio potente del vincitore: 'Io qui ora sono il padrone invado il tuo corpo nemico e lo riempio del mio seme e se avrai un futuro, questo porterà i segni del mio dominio e della mia proprietà'. Sono tutti impulsi che la guerra suscita e coltiva perché essa è profondamente reazionaria e regressiva: detesta le libertà e la rivendicazione dei diritti. Per questo piace tanto ai tiranni. Per le donne la guerra è proprio una disgrazia. Oltre a rischiare la vita, a dovere affrontare emergenze e sofferenze,

saranno spinte ad occupare altri ruoli sempre più impegnativi".

Si tratta di una sintesi fedele al testo che prosegue ancora in tutta la sua crudezza e passione civile, quella di una donna impegnata e che ha conosciuto anche i drammi della guerra con tutta la sua famiglia.

mercoledì 30 marzo 2022

Pio La Torre e Rosario Di Salvo, il sangue della Sicilia

Li ricordo come se fosse quella triste mattina quando ho aperto la porta di casa – provenivo da Roma – e ho trovato mia moglie in lacrime che non riusciva a darmi la notizia...

La Sicilia, il Mezzogiorno, la Pace: la visione politica di Pio La Torre, ucciso il 30 Aprile 1982, con accanto Rosario Di Salvo, un compagno di grande disponibilità e umanità. Li ricordo come se fosse quella triste mattina quando ho aperto la porta di casa – provenivo da Roma – e ho trovato mia moglie in lacrime che non riusciva a darmi la notizia. Ci siamo abbracciati e sono ripartito per andare a Palermo nella sede del comitato regionale del Pci.
È stato il viaggio più lungo della mia vita, come se i chilometri che divoravo lungo l'autostrada non passassero mai. All'arrivo, dopo aver posteggiato la macchina, incontro all'entrata il compagno Rosolino che mi abbraccia e mi dice "sono tutti sopra". Salgo le scale tremante, quelle scale che ogni mattina per anni avevo calpestato per recarmi nella sede del comitato regionale per svolgere il mio compito da componente della segreteria regionale.

Ero triste, smarrito, confuso e cercavo di capire quello che era accaduto, ma era chiaro: la mafia non aveva dimenticato l'azione svolta negli anni da Pio per i diritti dei braccianti, il lavoro e la lotta radicale alla malavita delle campagne e urbana. Un impegno costante culminato in Parlamento: il suo primo atto dirompente era stato la famosa relazione di minoranza sulla mafia, concepita e presentata insieme al giudice Cesare Terranova, deputato eletto nelle file del Pci come indipendente. Anch'egli ucciso dalla mafia insieme a Lenin Mancuso, in una Palermo caotica e desolata.

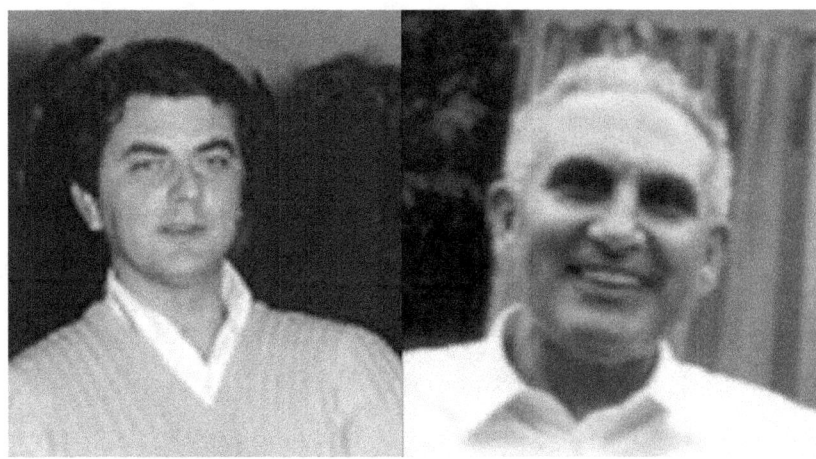

Rosario Di Salvo e Pio La Torre

Alcuni giorni prima dell'uccisione c'eravamo visti in Parlamento per concordare la nostra partecipazione insieme alla commissione Mezzogiorno a Gioia Tauro. A causa degli impegni in direzione non ha potuto partecipare, ma ci teneva tanto: ricordo l'impegno profuso su Gioia Tauro dopo la delusione per la mancata realizzazione del Quinto Centro

Siderurgico e il suo famoso articolo di prima pagina su "L'Unità", "Non lasciamo soli i calabresi e Gioia Tauro". Così è avvenuto. con l'intuizione del grande porto del Mediterraneo. Un'idea portata avanti con lotte unitarie e popolari. Quel giorno la commissione doveva stilare un documento per il completamento dell'opera approvato unitariamente, con l'espressa indicazione dei collegamenti ferroviari ancora in opera. Al rientro lo informai in sintesi anche sulle linee del documento.

È stata l'ultima volta che gli parlai, mentre l'ultima volta che lo vidi era muto e silenzioso, crivellato dai colpi sparati da uomini sanguinari e senza volto.

Sempre la solita storia: si spara, si uccide, non si conoscono mai i mandanti, prevale l'omertà e si depista, come nel caso clamoroso che sta venendo fuori a Caltanissetta sull'uccisione del giudice Borsellino. Il sangue versato è stato tanto, ma alcuni passi avanti sono stati fatti, in particolare con il mettere le mani sui patrimoni illeciti e con il carcere duro. Ma non è finita e non sarà facile se non si spezzano i fili attorcigliati del rapporto mafia-politica e degli intrecci perversi nel pianeta sanità, nei luoghi del sapere, della giustizia, per non parlare dell'apparato regionale.

Se la Sicilia non ritrova la sua autonomia di pensiero e di azione non avrà scampo: chiusa nella morsa del declino economico, dell'invecchiamento della popolazione e della continua fuga dei giovani. Una perdita per il ricambio generazionale e la democrazia. A Pio, per quello che ha fatto per il riscatto della sua terra, una terra di lavoro e di pace. A Rosario, per i giorni passati insieme con la famiglia e i figli nei parchi e lungo il mare di Palermo.

sabato 30 aprile 2022

Nota di edizione

Questo libro

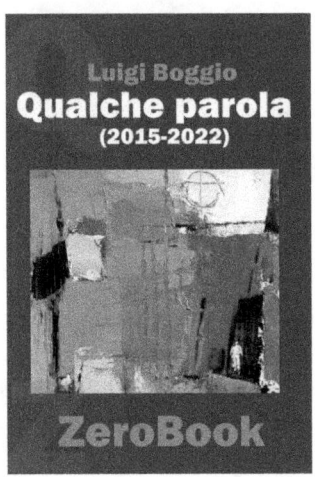

I corsivi e gli interventi di Luigi Boggio (classe 1942) hanno il pregio della chiarezza e dell'essenzialità. Quella di Boggio è una mente fresca, attiva, capace di cogliere l'essenziale di quel che accade: sia che si tratti della città natale (Nicosia) o della città in cui vive (Lentini), o delle vicende politiche italiane e siciliane. Nei suoi corsivi c'è a sua passione civile, l'insofferenza per i soprusi dei potenti, il suo sotterraneo amore per il cinema, l'amore per la musica. Luigi Boggio nella sua "terza vita" - dopo essere stato dirigente sindacale e poi parlamentare e dirigente di partito (nel PCI) – ha scelto una testata online di giovani post-1989, Girodivite, per continuare il suo (che è anche il nostro) impegno civile.

Questo volume raccoglie articoli scritti e pubblicati nel 2015-2022 sulla testata Girodivite, selezionati per la pubblicazione in formato stampa. La versione in formato ebook contiene tutti gli articoli.

L'autore

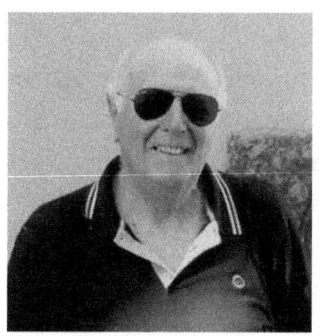

Luigi Boggio è nato nel 1942 a Nicosia (Enna), è stato segretario della Camera del lavoro di Lentini e successivamente segretario provinciale della Camera del Lavoro di Enna. Deputato alla Camera, segretario della VIII Legislatura della Repubblica italiana Commissione parlamentare per l'esercizio dei poteri di controllo sulla programmazione e sull'attuazione degli interventi ordinari e straordinari nel Mezzogiorno (1979-1983). È stato nel PCI (Partito Comunista Italiano). Ha svolto attività politica oltre che a Enna, anche a Catania, e a Palermo nella Segreteria regionale del PCI. Ha partecipato alla campagna nazionale contro i missili a Comiso. Si è occupato di sviluppo del Mezzogiorno e della Sicilia, e difesa della legalità contro le mafie.

Le edizioni ZeroBook

Le edizioni ZeroBook nascono nel 2003 a fianco delle attività di www.girodivite.it. Il claim è: "un'altra editoria è possibile". ZeroBook è una piccola casa editrice attiva soprattutto (ma non solo) nel campo dell'editoriale digitale e nella libera circolazione dei saperi e delle conoscenze.

Quanti sono interessati, possono contattarci via email: zerobook@girodivite.it

O visitare le pagine su: https://www.girodivite.it/-ZeroBook-.html

Ultimi volumi:

Sonetti / di William Shakespeare ; tradotti in siciliano da Prospero Trigona

Edifici di città: Roma 2020-2021 / Pierluigi Moretti

Orientale Sicula : Proebbido entrari ed altri racconti / di Alfio Moncada

Perduti luoghi ritrovati : Poggioreale Antica / di Roberta Giuffrida

Enne / Piero Buscemi

Cortale, borgo di Calabria / di Pasquale Riga

Delitto a Nova Milanese : venticinque righe nelle "brevi" / Adriano Todaro

Abbiamo una Costituzione : Ideologie, partiti e coscienza democratica costituzionale / Gaetano Sgalambro

Emma Swan e l'eredità di Adele Filò / di Simona Urso

Otello Marilli / di Ferdinando Leonzio

Autobianchi : vita e morte di una fabbrica / di Adriano Todaro ; prefazione di Diego Novelli

Sei parole sui fumetti / di Ferdinando Leonzio

Sotto perlaceo cielo : mito e memoria nell'opera di Francesco Pennisi / di Luca Boggio

Accanto ad un bicchiere di vino : antologia della poesia da Li Po a Rino Gaetano / a cura di Piero Buscemi

Il cronoWeb / a cura di Sergio Failla

L'isola dei cani / di Piero Buscemi

Saggistica:

I Sessantotto di Sicilia / Pina La Villa, Sergio Failla (ISBN 978-88-6711-067-4)

Il Sessantotto dei giovani leoni / Sergio Failla (ISBN 978-88-6711-069-8)

Antenati: per una storia delle letterature europee: volume primo: dalle origini al Trecento / di Sandro Letta (ISBN 978-88-6711-101-5)

Antenati: per una storia delle letterature europee: volume secondo: dal Quattrocento all'Ottocento / di Sandro Letta (ISBN 978-88-6711-103-9)

Antenati: per una storia delle letterature europee: volume terzo: dal Novecento al Ventunesimo secolo / di Sandro Letta (ISBN 978-88-6711-105-3)

Il cronoWeb / a cura di Sergio Failla (ISBN 978-88-6711-097-1)

Il prima e il Mentre del Web / di Victor Kusak (ISBN 978-88-6711-098-8)

Col volto reclinato sulla sinistra / di Orazio Leotta (ISBN 978-88-6711-023-0)

Il torto del recensore / di Victor Kusak (ISBN 978-6711-051-3)

Elle come leggere / di Pina La Villa (ISBN 978-88-6711-029-2

Segnali di fumo / di Pina La Villa (ISBN 978-88-6711-035-3)

Musica rebelde / di Victor Kusak (ISBN 978-88-6711-025-4)

Il design negli anni Sessanta / di Barbara Failla

Maledetti toscani / di Sandro Letta (ISBN 978-88-6711-053-7)

Socrate al caffé / di Pina La Villa (ISBN 978-88-6711-027-8)

Le tre persone di Pier Vittorio Tondelli / di Alessandra L. Ximenes (ISBN 978-88-6711-047-6)

Del mondo come presenza / di Maria Carla Cunsolo (ISBN 978-88-6711-017-9)

Stanislavskij: il sistema della verità e della menzogna / di Barbara Failla (ISBN 978-88-6711-021-6)

Quando informazione è partecipazione? / di Lorenzo Misuraca (ISBN 978-88-6711-041-4)

L'isola che naviga: per una storia del web in Sicilia / di Sergio Failla

Lo snodo della rete / di Tano Rizza (ISBN 978-88-6711-033-9)

Comunicazioni sonore / di Tano Rizza (ISBN 978-88-6711-013-1)

Radio Alice, Bologna 1977 / di Lorenzo Misuraca (ISBN 978-88-6711-043-8)

L'intelligenza collettiva di Pierre Lévy / di Tano Rizza (ISBN 978-88-6711-031-5)

I ragazzi sono in giro / a cura di Sergio Failla (ISBN 978-88-6711-011-7)

Proverbi siciliani / a cura di Fabio Pulvirenti (ISBN 978-88-6711-015-5)

Parole rubate / redazione Girodivite-ZeroBook (ISBN 978-88-6711-109-1)

Accanto ad un bicchiere di vino : antologia della poesia da Li Po a Rino Gaetano / a cura di Piero Buscemi (ISBN 978-88-6711-107-7, 978-88-6711-108-4)

Neuroni in fuga / Adriano Todaro (ISBN 978-88-6711-111-4)

Celluloide : storie personaggi recensioni e curiosità cinematografiche / a cura di Piero Buscemi (ISBN 978-88-6711-123-7)

Sotto perlaceo cielo : mito e memoria nell'opera di Francesco Pennisi / di Luca Boggio (ISBN 978-88-6711-129-9)

Per una bibliografia sul Settantasette / Marta F. Di Stefano (ISBN 978-88-6711-131-2)

Iolanda Crimi : un libro, una storia, la Storia / di Pina La Villa (ISBN 978-88-6711-135-0)

Autobianchi : vita e morte di una fabbrica / di Adriano Todaro

prefazione di Diego Novelli (ISBN 978-88-6711-141-1)

Dizionario politico-sociale di Nova Milanese : Passato e presente / Adriano Todaro (ISBN 978-88-6711-151-0)

Abbiamo una Costituzione : Ideologie, partiti e coscienza

democratica costituzionale / Gaetano Sgalambro (ebook ISBN 978-88-6711-163-3, book ISBN 978-88-6711-164-0)

La peste di Palermo del 1575 / di Giovanni Filippo Ingrassia (ebook ISBN 978-88-6711-173-2)

Permesso di soggiorno obbligato / redazione Girodivite (ebook ISBN 978-88-6711-181-7, book ISBN 978-88-6711-182-4)

Narrativa:

L'isola dei cani / di Piero Buscemi (ISBN 978-88-6711-037-7)

L'anno delle tredici lune / di Sandro Letta (ISBN 978-88-6711-019-3)

Emma Swan e l'eredità di Adele Filò / di Simona Urso (ISBN 978-88-6711-153-4)

Delitto a Nova Milanese : venticinque righe nelle "brevi" / Adriano Todaro (ebook ISBN 978-88-6711-171-8, book ISBN 978-88-6711-172-5)

Enne / Piero Buscemi (ebook ISBN 978-88-6711-179-4, book ISBN 978-88-6711-180-0)

Orientale Sicula : Proebbido entrari ed altri racconti / di Alfio Moncada (ebook ISBN 978-88-6711-193-0, book ISBN 978-88-6711-194-7).

Querelle / di Piero Buscemi (ebook ISBN 978-88-6711-201-2, book ISBN 978-88-6711-202-9)

Uno sporco anello / di Adriano Todaro (ebook ISBN 978-88-6711-205-0, book ISBN 978-88-6711-206-7)

Poesia:

Il bambino è il mondo / di Emanuele Gentile (ISBN 978-88-6711-197-8)

Raccolta di pensieri / di Adele Fossati (ISBN 978-88-6711-190-9)

Iridea / poesie di Alice Molino, foto di Piero Buscemi (ISBN 978-88-6711-159-6)

Il libro dei piccoli rifiuti molesti / di Victor Kusak (ISBN 978-88-6711-063-6)

L'isola ed altre catastrofi (2000-2010) di Sandro Letta (ISBN 978-88-6711-059-9)

La mancanza dei frigoriferi (1996-1997) / di Sergio Failla (ISBN 978-88-6711-057-5)

Stanze d'uomini e sole (1986-1996) / di Sergio Failla (ISBN 978-88-6711-039-1)

Fragma (1978-1983) / di Sergio Failla (ISBN 978-88-6711-093-3)

Raccolta differenziata n°5 : poesie 2016-2018 / di Victor Kusak (ISBN 978-88-6711-149-7)

Sonetti / di William Shakespeare ; tradotti in siciliano da Prospero Trigona (ISBN 978-88-6711-203)

Parole in versi / Adele Fossati (ISBN 978-88-6711-212)

Libri fotografici:

I ragni di Praha / di Sergio Failla (ISBN 978-88-6711-049-0)

Transiti / di Victor Kusak (ISBN 978-88-6711-055-1)

Ventimetri / di Victor Kusak (ISBN 978-88-6711-095-7)

Visioni d'Europa / di Benjamin Mino, 3 volumi (ISBN 978-88-6711-143_8)

Cortale, borgo di Calabria / Pasquale Riga (ISBN 978-88-6711-175-6)

Perduti luoghi ritrovati : Poggioreale Antica / di Roberta Giuffrida (ISBN 978-88-6711-191-6)

Edifici di città : Roma 2020-2021 / Pierluigi Moretti (ISBN 978-88-6711-199-2)

Opere di Ferdinando Leonzio:

Una storia socialista : Lentini 1956-2000 / di Ferdinando Leonzio (ISBN 978-88-6711-125-1)

Lentini 1892-1956 : Vicende politiche / di Ferdinando Leonzio (ISBN 978-88-6711-138-1)

Segretari e leader del socialismo italiano / di Ferdinando Leonzio (ISBN 978-88-6711-113-8)

Breve storia della socialdemocrazia slovacca / di Ferdinando Leonzio (ISBN 978-88-6711-115-2)

Donne del socialismo / di Ferdinando Leonzio (ISBN 978-88-6711-117-6)

La diaspora del socialismo italiano / di Ferdinando Leonzio (ISBN 978-88-6711-119-0)

Cento gocce di vita / di Ferdinando Leonzio (ISBN 978-88-6711-121-3)

La diaspora del comunismo italiano / di Ferdinando Leonzio (ISBN 978-88-6711-127-5)

Sei parole sui fumetti / di Ferdinando Leonzio (ISBN 978-88-6711-139-8)

Otello Marilli / di Ferdinando Leonzio (ISBN 978-88-6711-155-8)

La diaspora democristiana / di Ferdinando Leonzio (ISBN 978-88-6711-157-2)

Lentini nell'Italia repubblicana / di Ferdinando Leonzio (ebook ISBN 978-88-6711-161-9, book ISBN 978-88-6711-162-6)

Delfo Castro, il socialdemocratico / Ferdinando Leonzio (ebook ISBN 978-88-6711-169-5, book ISBN 978-88-6711-170-1)

La socialdemocrazia italiana fra scissioni e confluenze (1947-1998) / Ferdinando Leonzio (ebook ISBN 978-88-6711-177-0, book ISBN 978-88-6711-178-7)

Momenti di socialismo / di Ferdinando Leonzio (ebookISBN 978-88-6711-207-4, book ISBN 978-88-6711-208-1)

Parole rubate:

Scritti per Gianni Giuffrida: La nuova gestione unitaria dell'attività ispettiva: L'Ispettorato Nazionale del Lavoro / di Cristina Giuffrida (ISBN 978-88-6711-133-6)

WikiBooks:

La Carta del Carnaro 1920-2020 (ISBN 978-88-6711-183-1)

Webology : le "cose" del Web / a cura di Sergio Failla (ISBN 978-88-6711-185-5)

English books or bilingual:

Perduti luoghi ritrovati : Poggioreale Antica / di Roberta Giuffrida (ISBN 978-88-6711-196-6)

Visioni d'Europa - Europe's visions / di Benjamin Mino, 3 volumi (ISBN 978-88-6711-143_8)

Sonetti / di William Shakespeare ; tradotti in siciliano da Prospero Trigona (ISBN 978-88-6711-203)

Querelle / Piero Buscemi ; preface by Vincenzo Tripodo (ISBN 978-88-6711-209-8, press ISBN 978-88-6711-210-4)

Cataloghi:

ZeroBook: catalogo dei libri e delle idee 2012-...

Catalogo ZeroBook 2007

Catalogo ZeroBook 2006

Riviste e periodici:

Post/teca, antologia del meglio e del peggio del web italiano

ISSN 2282-2437

https://www.girodivite.it/-Post-teca-.html

Girodivite, segnali dalle città invisibili

ISSN 1970-7061

https://www.girodivite.it

il Notar Jacopo : rivista della Bibliotheca

https://https://www.girodivite.it/La-Biblioteca-di-OpenHouse.html

ZeroBook catalogo delle idee e dei libri

bimestrale

https://www.girodivite.it/-ZeroBook-free-catalogo-puoi-.html

www.ingramcontent.com/pod-product-compliance
Lightning Source LLC
Chambersburg PA
CBHW050203230526
45470CB00001B/219